insel taschenbuch 4761
Freddy Langer
Frankfurts Neue Altstadt

Neobarock und Fachwerkromantik in einer Stadt, die groß denkt, nach oben wächst und am liebsten immer schon das kommende Jahrhundert im Blick hat? Kaum war der Plan auf dem Tisch, zwischen Dom und Römer Frankfurts im Krieg zerbombte Altstadt auferstehen zu lassen, hagelte es Kritik. Doch heute kommen Frankfurter aus dem Staunen nicht mehr heraus. Rund um den Hühnermarkt, nunmehr der schönste Platz der Stadt, ist eine kleine neue Welt entstanden, die mit Wirtshäusern, Läden und sogar einem Barbier nicht nur zu einem Magneten der Touristenmassen geworden ist. Es ist, als habe Frankfurt in seinem Zentrum neben einem neuen Herz auch eine Seele erhalten.

Der reich illustrierte Band erzählt die wechselvolle Geschichte des Römerbergs, fasst die Debatten rund um seine Neubebauung zusammen und nimmt den Leser mit zu den schönsten und wichtigsten Gebäuden des neuen Stadtteils.

Freddy Langer, Jahrgang 1957, ist in Frankfurt geboren, aufgewachsen und lebt dort bis heute. Seit dreißig Jahren ist er Redakteur der *Frankfurter Allgemeinen Zeitung*, deren Reiseteil er verantwortet. Er hat zahlreiche Bücher zu den entferntesten Orten der Welt geschrieben. Dieses Buch ist sein erstes über Frankfurt.

FREDDY LANGER

Frankfurts Neue Altstadt

Mit zahlreichen farbigen Abbildungen des Autors

INSEL VERLAG

3. Auflage 2019

Erste Auflage 2019
insel taschenbuch 4761
Originalausgabe
© Insel Verlag Berlin 2019
Alle Rechte vorbehalten, insbesondere das der
Übersetzung, des öffentlichen Vortrags sowie der Übertragung
durch Rundfunk und Fernsehen, auch einzelner Teile.
Kein Teil des Werkes darf in irgendeiner Form
(durch Fotografie, Mikrofilm oder andere Verfahren)
ohne schriftliche Genehmigung des Verlages reproduziert
oder unter Verwendung elektronischer Systeme
verarbeitet, vervielfältigt oder verbreitet werden.
Vertrieb durch den Suhrkamp Taschenbuch Verlag
Umschlag: Designbüro Lübbeke, Naumann, Thoben, Köln
Umschlagfotos: Helmut Fricke, F.A.Z.-Foto, Frankfurt am Main (Vorderseite);
Benedikt Kraft, DBZ-Deutsche Bauzeitschrift, Ausgabe 5/2018, Gütersloh (Rückseite)
Satz: Satz-Offizin Hümmer, GmbH
Druck: CPI – Ebner & Spiegel, Ulm
Printed in Germany
ISBN 978-3-458-36461-0

FRANKFURTS NEUE ALTSTADT

INHALTSVERZEICHNIS

Vorwort ... 9

Und dann war nichts mehr da –
Die Bombennächte vom März 1944 ... 15
Wo alles seinen Anfang nahm –
Die heiligen Mauern der Kaiserpfalz franconofurt ... 20
Von Tradition bis Postmoderne –
Ständig neue Pläne für den Römerberg ... 29
Die Mona Lisa des Historischen Museums –
Das Altstadtmodell der Brüder Treuner ... 44
Und aus dem Brunnen fließt der Wein –
Die Kaiserkrönung war ein rauschendes Fest ... 53
Schauerliche Fratzen statt Schaulustiger –
Eine krumme Gasse wird zum Krönungsweg ... 60
Einmal Krönungswurst mit Senf –
Einkehr in der Tagesbar Anno 1881 ... 67
Wenn der Boden knapp wird, geht man in die Luft –
Das Rote Haus schwebt über dem Platz ... 73
Ein bisschen Phantasie darf sein –
Die Töpferei Bauer verkauft die Altstadt aus Ton ... 81
Unten die Ware, oben der Mensch –
Die Messehöfe Zum Rebstock und Goldenes Lämmchen ... 88
Grüße aus der Vergangenheit –
Suchspiel mit Zierrat und Spolien ... 100

Ein Leben ohne Sonne –
  Der Alltag in der Altstadt war nicht immer lustig ... 107
Reichtum ist keine Schande –
  Die Goldene Waage zeigt, was Pracht und Herrlichkeit bedeuten ... 121
Wie für Nachtwächter geschaffen –
  Sehr spät abends unterwegs ... 131
Als stammte er aus einem Kinderbuch –
  Der Hühnermarkt gleicht einem Wimmelbild ... 136
Der Bart muss ab –
  Zur Rasur bei Dennis Alt ... 144
Nein, das ist nicht Mao Zedong –
  Der Mundartdichter und Rebell Friedrich Stoltze ... 149
Lauter Preziosen im Neuen Paradies –
  Ein Juwelier hat sein Schatzkästlein gefunden ... 157

Nachwort ... 165
Literaturverzeichnis ... 173
Bildnachweis ... 175

VORWORT

Ich mag die neue Altstadt. Und neuerdings bin ich öfter dort als in jedem anderen Frankfurter Stadtteil. Nicht zum Ausgehen. Nicht zum Einkaufen. Nicht einmal des Barbiers wegen. Sondern nur, um zu schauen. Von Anbeginn habe ich die Bauarbeiten beobachtet. Habe zugeschaut, wie sie Stück für Stück auf dem klitzekleinen Grund zwischen dem Steinernen Haus und dem Haus am Dom aus dem Boden wuchs. Nein, aus der Platte, so muss es heißen, die über dem Parkhaus und der U-Bahn-Haltestelle liegt. Von der Schirn aus, dem Kunsttempel, der ein paar Meter erhöht über dem Krönungsweg thront, konnte man auf Zehenspitzen gestellt über Bauzäune blicken. Und man erhielt eine Ahnung, wie die Fluchten zusammenfinden werden und dass durch Ecken und Winkel Nischen und Plätze entstehen werden. Von der Braubachstraße aus war zu beobachten, wie sich die Häuser vom Süden her allmählich näherten, Zeile für Zeile, bis am Ende auch die Braubachstraße selbst mit einer Häuserflucht zugebaut war, einem Riegel wie einer Wand, der vorgeschoben war, Monate bevor dahinter Frankfurts neue Seele ihren letzten Schliff erhielt. Und natürlich von der Aussichtsplattform des Doms hinunter. Das war der beste Blick. Auf Beton am Boden. Auf Kräne. Und auf Schalungen, zwischen die wiederum Beton gegossen wurde. Anfangs waren es bloß zwei Kräne, und man begriff, wie klein das Areal ist. Knapp achttausend Quadratmeter. Etwas größer als ein Fußballfeldfeld. Dann kamen neue Kräne hinzu, und man begriff, welcher Anstrengung es bedurfte, fünfunddreißig völlig unterschiedliche Häuser gleichzeitig zu errichten, ohne dass die unterschiedlichen Bautrupps einander fortwährend im Weg sind. Fünfzehn sogenannte schöpferische Rekonstruktionen. Dazu zwanzig moderne Bauten, die sich in ihrer Form an der Ästhetik der alten Gebäude orientieren sollten und deren Grundriss eins zu eins mit dem Grundriss der Altstadt im neunzehnten Jahrhundert identisch sein musste. Und weil in der Altstadt im Laufe der Jahrhunderte zwar Fassaden geändert worden waren, der Mode entsprechend von Gotik über Renaissance bis Rokoko, selten aber ganze Gebäudegruppen, war es fast haargenau auch der Grundriss des Mittelalters.

Das war neu für Frankfurt, einen Ort, der niemanden ernsthaft empfohlen werden kann, der sich im Jetzt wohlfühlt, weil sich in dieser Stadt ständig alles verändert. Aber nach vorne gerichtet. Abreißen. Neu bauen. Und wieder abreißen. So geht das in Frankfurt jahrein, jahraus. Es gab nicht einen Monat im vergangenen halben Jahrhundert, an dem die Frankfurter den Eindruck gewonnen hätten: Jetzt ist die Stadt fertig! Die Baustellen sind fort. Hier leben wir von nun an. Sondern kaum, dass die Umleitung einer Großbaustelle aufgehoben war, gab es eine neue Umleitung für die nächste Großbaustelle. Bisweilen nur eine Kreuzung weiter.

Hier folgte dem höchsten Haus Europas das allerhöchste Haus Europas. Dort stockte man kurz bei der Frage, ob man jüdische Fundamente überbauen dürfe, bevor man das riesige Verwaltungszentrum dann doch hinstellte, wie es geplant war. Anderswo riss man ein internationales Unternehmen kurzerhand ab, um eine Innenstadt-Siedlung zu errichten. Wo eben noch in den Häfen Schiffe ihre Ladung löschten, reihen sich Blocks mit Luxuswohnungen aneinander. Im Osthafen genauso wie im Westha-

fen. Und nur einmal weggeschaut, steht dort, wo gerade noch ein Güterbahnhof war, der höchste Wohnturm des ganzen Landes.

Hier aber nun, beim Bau der Neuen Altstadt, richtete sich der Blick nach hinten, in die Vergangenheit. Und mehr noch als bei den Fachwerkhäusern auf dem Römerberg, der Ostzeile, die jeder Einheimische als Historienkulisse versteht und die womöglich mehr mit der Postmoderne der achtziger Jahre zu tun hat als mit dem Formenbewusstsein der Gotik, sollte ja ein Gefühl mit dem Bau einhergehen. Ein Gefühl für eine andere Art, Wohnraum zu begreifen, vielleicht sogar Stadt zu begreifen. Hier wurde eine Fläche nicht ausradiert, um ein weiteres Experiment moderner Architektur zu wagen, sondern es sollte eine vergangene Lebensform auferstehen.

Sechseinhalb Jahre hat die Arbeit dran gedauert. Jeden Monat zeigte sich hinter den Bauzäunen oder vom Dom herab eine neues Bild. Häuser wuchsen. Bisweilen erstaunlich schnell. Es tauchte Holz auf. Dann wurde es verputzt. Es tauchten Dachstühle auf. Dann wurden sie gedeckt. Irgendwann wurden die Fassaden gestrichen und leuchteten in unterschiedlichen Farben wie ein Heilsversprechen in der Sonne. Und der silbergraue Schiefer aller Giebel und Dächer glich von der Besucherterrasse des Doms aus einer wild zerklüfteten Gebirgslandschaft. Dann war sie fertig, die neue Altstadt. Alles zugleich. Die Häuser, die Gassen, die Höfe, die Brunnen. Und selbst wer über Jahre hinweg den Bau verfolgt hatte, vielleicht sogar das Glück gehabt hat, an einer Führung über die Baustelle teilzunehmen, selbst der konnte sich des Eindrucks nicht erwehren, das gesamte Ensemble sei über Nacht wie ein riesiges Raumschiff auf der Fläche zwischen Dom und Römer gelandet. Wie aus einem Guss. So plötzlich war die neue Altstadt da. Und so neu sah sie aus. Alles war geradezu aseptisch sauber. Künstlich irgendwie. Nirgendwo ein Riss im Putz. Und schon gar keine Graffiti an den Fassaden. Kein Fleck an irgendeiner Wand. Und nirgendwo eine lose Bodenplatte. Die Neue Altstadt sah aus, als sei sie zu Besuch gekommen. Herausgeputzt für einen Feiertag. Für ein Fest, das ein paar Tage dauert. Oder vielleicht auch einige Wochen. Das aber über kurz oder lang zu Ende sein wird. Und dann wird die Neue Altstadt wieder verschwinden. So konnte man denken.

Deshalb komme ich so oft. Aus Furcht, sie hätte sich auf den Weg dorthin zurück gemacht, wo immer sie hergekommen ist. Wie die Raumschiffe im Science-Fiction-Film, die am Ende zurück nach Hause fliegen.

1

Und dann war nichts mehr da –
Die Bombennächte vom März 1944

Frankfurt hatte lange Zeit gehofft, unbeschadet durch den Zweiten Weltkrieg zu kommen. Oder wenigstens mit geringen Verlusten an Menschenleben und Gebäuden. Binnen eines halben Jahres waren etliche Bombenregen auf die Altstadt niedergegangen; schon im Oktober 1943 hatte es an etlichen Stellen gebrannt, und nachdem im Spätherbst und frühen Winter Angriffe auf Sachsenhausen und weitere Ziele im Zentrum gefolgt waren, soll das Tiefkai am Main ausgesehen haben wie eine Mondlandschaft. Und doch konnte vieles geflickt werden, noch lebten die Menschen in der Altstadt, und sie hatten guten Grund, zu glauben, dass man die Lücken in den Häuserzeilen würde füllen können und damit die Spuren der Zerstörung tilgen. Doch dann wurde Frankfurt mit nur zwei Angriffen förmlich umgepflügt: am 18. März 1944 der östliche Teil zwischen Dom und Heiliggeisthospital, bei der folgenden und letztlich alles entscheidenden Bombardierung in der Nacht des 22. März der verbliebene Rest.

Kurz nach halb neun am Abend heulten die wenigen Sirenen auf, die das Bombardement vier Tage zuvor überstanden hatten. Nur Minuten später waren bereits aus Richtung Norden erste Bombeneinschläge zu hören. Eine Dreiviertelstunde dauerte der Angriff aus der Luft. 816 Flugzeuge wurden gezählt. Die ersten warfen dreitausend Sprengbomben auf die Stadt und zerschlugen damit die meisten Dächer. Dann folgten Stabbrand- und Flüssigkeitsbomben. Manche sprechen von mehr als einer Million. Wie ein gleißender Vorhang rieselte brennender Phosphor auf die Stadt hinab und züngelte entlang der Straßen weiter. Es muss ein infernalisches Getöse gewesen sein. Allein die Luftdruckschläge brachten selbst große Gebäude und Kirchen zum Schwanken. Binnen kürzester Zeit brannten alle Häuser lichterloh. Was nicht direkt getroffen war, setzte der Funkenflug in Brand. Die ersten Wände brachen. In den Straßen und Gassen häuften sich Steine und Balken und noch mehr Steine und Balken. Ein Haus nach dem anderen stürzte, kippte oder sank in sich zusammen, bis die Silhouette der Stadt verschwunden war und sich aus einem Meer von wirbelnden Flammen allein noch der Turm des Doms erhob. Von einst anderthalbtausend Fachwerkhäusern standen noch elf. Tagelang war die Stadt ohne Sonnenlicht, nur von Rauchschwaden überdeckt, die aus den Trümmern aufstiegen.

Als keine sechs Wochen später, Anfang Mai, ein Mitarbeiter des *Frankfurter Anzeiger* am Dom an die Butzenscheiben des Pförtnerhäuschens klopft, sitzt dahinter, »als wäre nichts geschehen«, der Hüter des Turms in der Uniform der städtischen Bediensteten. Viele stiegen den Turm in diesen Tagen hinauf, sagt er. An den Sonntagen sei es ein ständiger Strom. Mit Tränen in den Augen kämen die Menschen wieder unten bei ihm an. Der Blick von oben: ein gähnendes Trümmerfeld mit nur wenigen Anhaltspunkten, die verloren aus dem Schutt ragen. Die gestufte Giebelfront des Römers mit leeren Fensterhöhlen. Ein Stummel, der einmal die Brunnennische auf dem Belvederchen des Hauses Zur Goldenen Waage war. Und über einem Bombenkrater ein steinmetzgeschmückter Torbogen. Mehr Beispiele fallen dem Chronisten des *Frankfurter Anzeigers* nicht auf.

Dabei war es durchaus einiges mehr, was den Bombenhagel

überdauert hatte. Aber so sah man es nicht. Vielmehr lieferte binnen kürzester Zeit ein bedenkenloser Umgang die Fundamente und Reste historischer Gebäude gnadenlos der Spitzhacke aus. Erst wurde abgerissen, was noch stand, dann wurden die Trümmer beseitigt. Medienwirksam ließ sich noch im Oktober 1946 der damalige Oberbürgermeister Walter Kolb im Anzug mit Presslufthammer vor der Fassade des Römers fotografieren, wie er Steinbrocken zerkleinerte. Darüber, was wiederaufgebaut werden solle, entbrannten heftigste Debatten. Die Kirchen begriff man dabei nicht nur als historisch bedeutende Bauten, sondern auch als ein Stück spiritueller Heimat. Schon bei Paulskirche und Goethehaus jedoch, die eine als Symbol der deutschen Demokratie, das andere als Symbol deutscher Kultur schlechthin, wurde konträr diskutiert, ob deren Rekonstruktionen einem Vertuschen von Schuld und einem Verfälschen der Geschichte gleichkäme oder ob sie wie ein Leuchtfeuer einer neuen Gesellschaft die Richtung weisen könnten.

Das Goethehaus sei »nicht durch einen Bügeleisenbrand oder einen Blitzschlag oder durch Brandstiftung zerstört worden«, schrieb Walter Dirks 1947 in der Zeitschrift *Frankfurter Hefte*. »Wäre das Volk der Dichter und Denker (und mit ihm Europa) nicht vom Geiste Goethes abgekommen, vom Geist des Maßes und der Menschlichkeit, so hätte es diesen Krieg nicht unternommen und die Zerstörung dieses Hauses nicht provoziert.« Bittere Logik und keineswegs ein historisches Versehen hätten dazu geführt, dass das Goethehaus in Trümmern lag. »Es hatte seine Richtigkeit mit diesem Untergang«, lautete sein Resümee. »Deshalb soll man ihn anerkennen.«

Wie anders noch im Mai 1944 das Argument im *Völkischen Beobachter*. Dort wollte der Kunsthistoriker Ernst Benkard den

Ruinenrest als Mahnmal an die Verbrechen der Feinde verstanden wissen. Denn der habe sich mit seiner »Mordbrennerei ... von der gesamten noch zivilisierten Welt eine Hypothek aufgeladen, die niemals zu tilgen sein wird«. Und geradeso wie die Ruine des Goethehauses sollten auch die Ruinen der Altstadt als ewige Anklage verstanden werden, »begleitet vom Fluch über all diejenigen, die Befehl gaben zur entmenschten Tat«. Über die eigenen »entmenschten« Bombardements solcher Städte wie Guernica, Warschau, Rotterdam, London, Coventry oder Belgrad verliert er keine Silbe. Ausdrücklich war die Frankfurter Altstadt von Hitlers Aufbauversprechen ausgenommen – im Hinblick auf Größeres, wie wiederum der Völkische Beobachter ausführte: »An Stelle der ehedem blühend-gesunden Stadt rückte also ein ›Forum Romanum‹, dessen Denkmäler inmitten anzulegender Grünflächen zu schauen wären. Selbst als Ruinen würden die Monumente noch ein für uns wehmütiges, für unsere Feinde dauernd beschämendes Zeugnis ablegen.«

Die Frage, was zu tun sei mit dem Platz, der einmal Altstadt war und nun ein freier Raum zwischen Dom und Römer, wurde indes zur schweren Hypothek für die Stadt Frankfurt.

2

Wo alles seinen Anfang nahm –
Die heiligen Mauern der Kaiserpfalz franconofurt

Die älteste Fotografie Frankfurts hängt in einem Leuchtkasten unter dem Stadthaus an der Wand und sieht aus wie eine Filmkulisse für *Game of Thrones*. Aufgenommen ist sie bei strahlendem Sonnenschein von Sachsenhausen aus über den Main hinweg: Vorne sieht man den Fluss samt einigen Booten und Stegen und am gegenüberliegenden Ufer die mächtige Pfalz, die Ludwig der Fromme dort Mitte des neunten Jahrhunderts hat errichten lassen. Es ist ein eindrucksvoller Komplex. Links die Königshalle samt ihrem klobigen Turm, wuchtig wie eine Festung, nicht allzu weit entfernt eine Basilika, von ähnlich wehrhaftem Charakter, und dazwischen, fast filigran, als Verbindung der beiden Gebäude eine Art Wandelhalle, aufgelockert durch nahezu ein Dutzend Bögen. Fenster sind rar in dem Gemäuer – und allesamt so schmal wie Schießscharten, was damit zu tun haben mag, dass Glas ein kostbares Gut gewesen ist in jenen Tagen. Zwar ist die Anlage umgeben von Palisaden, aber eingebettet in eine Umgebung, für die sich der Begriff des Idylls aufdrängt. Äcker, Felder und Weiden breiten sich aus bis an die dichtbewaldeten Hänge des Taunus am Horizont. Dazwischen liegen wie hingetupft ein Dutzend kleiner Siedlungen aus schilfgedeckten Holzhäuschen. Handwerker sind in ihren Werkstätten zu Gange. Einige Menschen bewirtschaften Beete. Ein Schäfer hütet seine kleine Herde. Auf Ochsenkarren transportieren Bauern und Händler ihre Waren über holprig gepflasterte Straßen. Einzig ein Zeltlager des Militärs erinnert daran, dass die Zeiten damals nicht immer friedlich gewesen sind. Natürlich ist das farbige Panorama nur eine Simulation. Am Computer erstellt. Zusammengesetzt aus Tausenden kleiner Bilder, mit einer gehörigen Portion Phantasie, aber eben auch dem Wissen und den Schlüssen, die Archäologen aus einer Reihe steinerner Relikte gezogen haben, die man erst nach den Luftangriffen vom März 1944 unter den Trümmerfeldern der zerbombten Altstadt gefunden hatte. Schicht für Schicht wurde damals während der größten und wichtigsten Altstadtgrabung, die es in Deutschland je gegeben haben soll, freigelegt. Kellerwände mittelalterlicher Wohnhäuser konnten als karolingische Mauerfundamente identifiziert werden. Und darunter wiederum entdeckte man Reste eines römischen Schwitzbads samt einem Abwasserkanal, in deren Ziegel der Stempel der 14. Legion in Mainz gedruckt war. Die Anlage wird auf das Jahr 75 nach Christus datiert. Auch sie inspirierte die Forscher zu einem Bild: das einer römischen Straßenstation. Es hängt ebenfalls in einem Leuchtkasten unter dem Stadthaus an der Wand.

Hier ist die Ebene noch weitgehend ungenutzt. Am Ufer des Mains steht der massive Steinbau einer Herberge, daneben ein Stützpunkt der Militärpolizei, außerdem ein kleines Heiligtum. Und ebenjenes Badehaus, dessen Heizung man ausgegraben hat. Die Existenz der Holzbrücke, die auf dem Wasser dümpelt, ist wissenschaftlich nicht gesichert. Aber es wird vermutet, dass es eine gab. Denn die wichtige Nord-Süd-Verbindung zwischen den römischen Zentren Nida im heutigen Frankfurter Stadtteil Heddernheim und der Siedlung mit dem nur unvollständig erhaltenen Namen ...MED..., dem heutigen Dieburg, verlief hier entlang. Bis der Name Frankfurt zum ersten Mal fiel, verging noch mehr als ein halbes Jahrtausend. Dabei war der Domhügel, auch Dominsel genannt, schon seit der Jungsteinzeit bewohnt. Als leichte Erhöhung zwischen dem Main und dessen vermoortem Altarm, der Braubach, bot er auf einer Länge von etwa 325 Metern und einer Breite von 125 Metern inmitten einer sumpfigen Landschaft nicht nur Schutz vor Hochwasser, sondern auch den Zugang zur Furt durch den Main. Ihretwegen waren die Römer hier gewesen, etwa bis zum Untergang des Limes um 260 nach Christus. Wenig später nutzten Alemannen das, was von der Anlage noch zu gebrauchen war, bis sie Mitte des sechsten Jahrhunderts von den Merowingern vertrieben wurden. Selbst als aus der kleinen Siedlung rund um die Pfalz allmählich eine Stadt wurde, blieb deren Grundriss lange Zeit auf ebendiesen Domhügel zwischen dem Main und der Braubach beschränkt.

Das Land der Franken war ein Land ohne Hauptstadt. Die Könige reisten von Ort zu Ort oder genauer: von Pfalz zu Pfalz. Und als Karl der Große während eines acht Monate dauernden Aufenthalts hier im Jahr 794 mit hochrangigen Kirchenvertretern des Frankenreiches und weiteren tausend Teilnehmern die große Synode abhielt, mit Beschlüssen zu Religion, Wirtschaftspolitik und Rechnungswesen des Landes, benutzte er zum ersten Mal den Namen »franconofurd« auf einem der Pergamente: die Furt der Franken. Für die Stadt gilt das heute als ihr Gründungstermin, den Frankfurter Grundschüler mit dem Satz »Sieben, neun, vier – Frankfurt auf Papier« eingebleut bekommen. Und die Ruinen der Pfalz markieren ihren Geburtsort. Umso überraschender ist es, wie lange es gedauert hat, ihn gebührend zu präsentieren. Jahrzehnte lang war die Anlage nur ein Gewirr aus Mauern und

Mäuerchen gewesen, das Kinder als Abenteuerspielplatz nutzten und Obdachlose als Ort für ihre Picknicks. 1972 als »Archäologischer Garten« eröffnet, sprach der Name dem Zustand mitunter Hohn. Nun werden die Mauerreste präsentiert wie das Heiligtum der Stadt. Und ja keineswegs zu Unrecht. Seit dem Sommer 2018 sind sie im Rahmen der Altstadt-Rekonstruktion überdacht vom Festsaal des neu errichteten Stadthauses und umrahmt von roten Sandsteinwänden, so dass man sich in einer riesigen Gruft fühlt. Es ist kühl dort unten. Aber nicht kalt. Nicht abweisend. Das liegt am Licht, das durch eine Reihe von Fenstern und Mauerdurchbrüchen von oben in die Kammer fällt. Bisweilen sorgt es für gespenstische Effekte.

Zu verstehen ist die Präsentation nicht auf Anhieb. Ihr Herzstück, so wird gerne gesagt, sei die Königshalle. Aber das erweckt falsche Vorstellungen. Denn auch wenn die Architektur sich auf deren Längswand beziehen mag, und eine golden schimmernde Decke aus Messing mit ihrem Rautenmuster einen Festsaal simuliert, schieben sich auf den ersten Eindruck all die Relikte aus Antike und Mittelalter hier ineinander, dort übereinander. Die Säulchen, tönernen Bodenplatten, Natursteinmauern und verputzten Wände erwecken eher den Eindruck einer künstlerischen Installation, als dass man darin Gebäudeteile erkennen würde. Es handelt sich quasi um ein urbanes Palimpsest. Als wie fragil man es plötzlich einschätzt, zeigt sich darin, dass alles geschützt hinter Zäunchen und Mäuerchen steht, damit bloß niemand etwas davon berührt. Wie in einem Museum eben. So wertvoll sind der Stadt die Ruinen geworden. Und damit auch bloß niemand vergisst, wo er sich befindet, steht das Wort »franconoford« gleich sechsmal an der Wand: in unterschiedlichen Varianten, geradeso, wie der Name im achten Jahrhundert, vielleicht nur wegen Rechtschreibefehlern, in unterschiedlichen Urkunden auftauchte – und jeweils in den damals benutzten Lettern, von denen die karolingische Minuskel zur Grundlage der modernen Schrift wurde. Karl der Große hatte auch eine Bildungsreform angestoßen.

Drei Herrscher vor allem verbinden sich mit diesem Ort: Karl der Große, der mit der Synode dem bisschen Stadt, das es damals gab, international Bedeutung verlieh. Dessen Sohn Ludwig der Fromme, der den merowingischen Königshof 822 durch die karolingische Pfalz ersetzte. Sowie dessen Sohn, Ludwig der Deutsche, der Frankfurt zu einer Art Hauptstadt des ostfränkischen Reiches erhob und die Salvatorkirche bauen ließ, aus der später der Kaiserdom hervorging. Dass um alle drei Könige kaum Aufhebens gemacht wird, ist typisch für Frankfurt. Mit ausgeprägtem Selbstbewusstsein hat es sich stets als Bürgerstadt verstanden. Womöglich war das auch der Grund dafür, weshalb die archäologischen Funde lange Zeit stiefmütterlich behandelt wurden. Und weshalb die Idee Egon Wamers, des früheren Direktors des Archäologischen Museums, das zentrale Gebäude der Pfalz, die »Aula Regia«, zu rekonstruieren, nie wirklich ernst genommen wurde. Stattdessen hatten sich manche schon vor mittlerweile fast einem halben Menschenleben über den Plan, die Fachwerkhäuser der Ostzeile am Römerberg wieder aufzubauen, lustig gemacht, indem sie konterten: Dann solle man doch besser die römische Therme rekonstruieren. Davon hätten die Bürger mehr.

Was eine gute Überleitung ist. Denn während die »Kaiserpfalz franconofurd« das Zeug dazu hat, ein Aushängeschild der Stadt zu werden, fragen sich die Bürger nun, was sie vom Stadthaus haben, das die Anlage überdacht. Schlimmer noch: Viele wollten das Haus gar nicht. Stattdessen kämpfte eine Bürgerinitiative namens »SOS Dom-Panorama« für einen Erhalt der »frei-

en Sicht auf den Dom«, die sich durch die Umbauarbeiten zwischen Dom und Römer plötzlich ergeben hatte. Dabei hatte es einen solchen Blick im Laufe von Frankfurts Geschichte nie wirklich gegeben. Immer war der Dom eng umbaut gewesen, ragte auf aus dem unentwirrbaren Geflecht von Gassen, Häusern und Dächern, und alte Frankfurter nennen die Kathedrale bis heute eine Glucke, die ihre Küken um sich schart. Trotzdem wurde der mit großer Mehrheit gefällte Beschluss, das Stadthaus zu bauen, fast noch einmal aufgehoben. Und nur wenige Tage vor dessen Eröffnung soll ein Stadtkämmerer gesagt haben, dass es für das Gebäude, das immerhin fünfundzwanzig Millionen Euro gekostet hat, eigentlich keinen »Bauzweck« gebe. Mal gab es den Plan, mit einem neuen Festsaal den mit Veranstaltungen angeblich dauergebuchten Kaisersaal im Römer zu entlasten. Dann kam die Idee auf, im Stadthaus ein ökumenisches Kirchenmuseum einzurichten. Auch von einem Seniorentreff und einem Obdachlosenasyl war kurz die Rede. Heute können zwei unterschiedlich große Säle für Tagungen oder kulturelle Veranstaltungen gemietet werden. Aber kaum jemand nutzt das, nicht zuletzt der hohen Preise wegen. Und so bleibt das Gebäude die meiste Zeit leer. Dass Stadthaus ist riesig, fast sechzig Meter lang und zwanzig Meter breit. Allerdings nimmt man das seiner kleinteiligen Anmutung wegen nicht wahr. Ausgewählt wurde der Entwurf des Architekten Thomas Meurer nach einem Wettbewerb, dessen Aufgabenstellung gehörige Anforderungen an die Teilnehmer stellte, ohne sie punktgenau zu formulieren. Denn zu einer Zeit, als die Rekonstruktion der Altstadt noch nicht gänzlich der Sphäre der Vision entrissen war, sollte das Gebäude zum Scharnier in einem äußerst heterogenen Umfeld werden und zwischen den verspielten Altstadthäusern, den kühlen Kolonnaden der postmodernen Schirn gegenüber und dem Dom vermitteln, der bei der Gelegenheit gleich noch einen erweiterten Vorplatz erhielt. Außerdem sollte das Haus den archäologischen Garten überdachen und die teils dramatischen Niveauunterschiede des Domhügels verbergen.

    Weil offenblieb, was im Haus selbst passieren soll, oder wie man unter Architekten sagen würde, es kein Raum- und Nutzungsprogramm gab, wird man dem Entwurf vielleicht nicht einmal ungerecht, wenn man ihn eine Skulptur nennt. Man staunt, wie spielerisch Thomas Meurer mit den Materialien und Formen der Umgebung umgeht. Die mächtigen Giebel wirken wie eine Spiegelung des Hauses am Dom gegenüber. Während die Säulen den Säulengang der Schirn zitieren. Die schiefergedeckten, spitzen Satteldächer fügen sich ein in das Dächermeer der Altstadt. Und der rote Sandstein nimmt die Farbe des Doms und so vieler Frankfurter Gebäude auf, stammt aber von einem anderen Steinbruch, so dass sich die Oberfläche deutlich unterscheidet und der Fassade ihr eigens Wesen zubilligt. Fast wie Fußnoten erscheinen dagegen die wunderbaren Verzahnungen mit der Geschichte. Denn das Treppenhaus der angrenzenden Goldenen Waage schiebt sich in den archäologischen Garten wie ein Gruß der Gotik in die vorromanische Zeit. Und das goldene Dach über dem Festsaal, das so wunderbar im Sonnenlicht glitzert, spielt mit der Vorstellung der »Aula regia«, der alten Königshalle der karolingischen Pfalz im Tiefgeschoss des Gebäudes. Dies goldene Dach setzt Frankfurts Geburtsort eine Haube auf, die ihm würdig ist, vielleicht sogar eine Krone. Dabei entbehrt es nicht eines gewissen Charmes, dass man es in seiner gesamten Pracht nur von der Spitze des Domturms aus sehen kann. Noch so ein künstlerischer Effekt. Und noch so ein Beispiel für das Understatement in einer Bürgerstadt.

Die »Kaiserpfalz franconofurd« ist täglich von 10 bis 18 zugänglich. Der Eintritt ist frei.

3

Von Tradition bis Postmoderne –
Ständig neue Pläne für den Römerberg

Meine ältesten Erinnerungen an den Römerberg sind die Samstagvormittage, an denen ich meinen Vater bei seinen Erledigungen in die Frankfurter Innenstadt begleitet habe und er jedes Mal auf der Brache zwischen Dom und Römer geparkt hat. Das war in der ersten Hälfte der sechziger Jahre. Einen Platz haben wir dort immer gefunden. So groß war die vom Schutt frei geräumte Fläche.

Mein Vater fuhr einen Opel Rekord, das Modell, das damals noch Olympia hieß und später eher buchhalterisch als P1 bezeichnet wurde. Er war zweifarbig lackiert, unten in hellem Gelb, das Dach schneeweiß, ebenso die Reifen, zumindest an der Seite. Was das Auto von allen anderen Wagen auf dem Parkplatz unterschied, war neben seiner strahlenden Farbe die kantige Karosserie, sein amerikanisches Aussehen mit den in die Länge gezogenen Kotflügeln vorne wie hinten und einer auffallend großen Frontscheibe. Alle anderen Wagen wirkten mit ihren runden Formen dagegen knuffelig. Die Kleinwagen sowieso, die DKW und VW Käfer, von denen es so viele gab, aber selbst die Limousinen von Mercedes machten im Vergleich zu unserem Wagen einen anheimelnden, traulichen Eindruck. Der Opel muss dazwischen ausgesehen haben wie die Avantgarde einer neuen Zeitrechnung. Aber das begriff ich damals natürlich noch nicht. Ich war einfach nur stolz auf unseren Wagen und auf meinen Vater, ohne auf dem

Parkplatz zu spüren, dass sich etwas änderte. Dass sich kaum merklich eine neue Welt über die alte schob. Kaum merklich? Irgendwie ja. Vor allem auf dem Römerberg. Dort ließ sich diese neue Welt ungleich mehr Zeit als im Rest der Stadt. Einiges hatte man rekonstruiert, vor allem die Front des Römers samt seinen beiden Nachbarhäusern Alt-Limpurg links und Löwenstein rechts, die dem Rathaus ja erst in diesem wunderbaren Dreiklang der Gebäude sein bekanntes Gesicht unter den Stufengiebeln geben. Nach hinten schloss sich zwar nun ein eher zweckmäßiges Bürohaus an. Aber vorne gab es sogar den Schmuck wieder, den man 1896 der bis dahin schlichten gotischen Fassade aufgesetzt hatte: den Balkon, die Wappen und die von ziselierten Hauben überdachten Statuen der vier Kaiser Friedrich Barbarossa und Ludwig der Bayer, Karl IV. und Maximilian II. Hingegen hatte man rechts anschließend Haus Frauenstein sowie das Salzhaus, ehemals das womöglich schönste Fachwerkhaus der Stadt, als moderne Giebelbauten neu errichtet. Ein über drei Stockwerke reichendes Wandmosaik am neuen Salzhaus zeigt bis heute den von Wilhelm Geißler entworfenen, aus Tausenden golden glitzernden Steinchen zusammengesetzten Phönix als Zeichen der Auferstehung der Stadt aus den Ruinen. Trümmer hatte ich als Kind keine mehr erlebt. Die hatte man mit Lastern und kleinen Bähnchen hinter den Ostpark transportiert. Auch die Kraft dieses Symbols blieb mir deshalb verborgen.

Seine Bedeutung als Stadtzentrum hatte der Römerberg längst an die Zeil und die Straßen rund um die Hauptwache verloren, in denen neben Autos auch Trambahnen fuhren. Das war schon vor dem Krieg so gewesen. Aber die Modernisierung war dort schnell vorangegangen. Und während im Westend die ersten Altbauten besetzt wurden, um sie zu retten, dann aber trotzdem abgerissen wurden, um Platz zu schaffen für Hochhäuser, breitete sich der Römerberg groß und leer in einer Art Wartestellung aus und diente neben seiner Funktion als Parkplatz mal als Ort für Märkte oder Rummelplätze, mal für den Empfang der Fußballnationalmannschaft oder amerikanischer Präsidenten, hin und wieder auch für Open-Air-Konzerte. Sogar die Doors sind vor den Rathausstufen aufgetreten, am 13. September 1968, und machten dort Werbung für ihr Konzert am folgenden Abend in der Kongresshalle. Am nächsten Tag sprachen alle davon in der Schule. Nur ich hatte sie verpasst. Dafür erlebte ich ein paar Jahre später mit einer sehr überschaubaren Gruppe von Menschen den Komiker Otto auf dem Römerberg zu einer Zeit, als so gut wie niemand wusste, wer sich hinter dem Namen verbarg.

Natürlich hatte es auch für den Römerberg Pläne einer Neugestaltung gegeben. Die erste Idee, nämlich dort das neue Regierungsviertel zu errichten, erledigte sich von selbst, als nicht Frankfurt, sondern Bonn die Hauptstadt der neuen Bundesrepublik wurde. Das war ein Schock für die so selbstsicher aufgetretene Stadt. Als es daraufhin zu einem heftig ausgetragenen Disput zwischen Traditionalisten und Modernisten kam, in dem noch einmal alle Argumente ausgepackt wurden, mit denen man schon für oder gegen den Wiederaufbau von Goethehaus und Paulskirche gekämpft hatte, schrieb die Stadtverwaltung 1950 einen Ideenwettbewerb für die Bebauung des Altstadtkerns aus. Von dem ehemaligen Gassengewirr durften die Entwürfe sich lösen, aber die »frühere soziologische Struktur« mit ihrer Mischung aus Wohnungen, Geschäften, Werkstätten und Gaststätten sollte unbedingt aufgenommen werden. Auch der Gestaltungsgeist war vorgegeben. »Der Auslober«, hieß es, »weiß sich gefeit gegen alle Sehnsüchte einer falschen Romantik. Er verspricht sich vielmehr aus dem Bekenntnis zu solcher Verhaltenheit des ganzen Lebensrhythmus durchaus die Herausbildung eines wertvollen auch den Gast ansprechenden innerstädtischen Lebensraums besonderer Prägung und für viele Zwecke auch wirtschaftliche Wertigkeit.« Dass Frankfurt mit Vollgas in die Zukunft steuern wollte, hatte die Stadt mit neuen Straßen bewiesen, die als breite Schneisen in die Trümmerfelder geschlagen worden waren. Aber ausgerechnet der leer geräumte Römerberg widersetzte sich allen Visionen. Mehr als ein paar zweckmäßige Wohnzeilen mit begrünten Innenhöfen erfolgten aus dem Wettbewerb nicht, Häuserblocks zwischen Dom und Main, wie man sie während der Adenauerzeit überall baute. Es war eine kleinbürgerliche Siedlung, in Anlehnung an die Bevölkerungsstruktur der Altstadt. Die Achtung vor dem zentralen Platz indes schien zu hoch, womöglich auch die Verantwortung den kommenden Generationen gegenüber zu groß, um dort zu bauen. Ständig gab es neue Ideen, neue Pläne und 1962 wiederum einen Gestaltungswettbewerb, dieses Mal mit einem sehr detaillierten Nutzungskonzept, das unter anderem ein Jugendzentrum und eine Musikschule, eine Kleinkunstbühne und ein Ausstellungshaus mit dem kühnen Titel »Frankfurt und die Welt« forderte. Es wurden sogar Sieger gekürt. Doch nie wurde etwas umgesetzt. Mal wegen größerer Bedenken angesichts der Entwürfe, mal wegen noch größerer finanziellen Lücken im städtischen Haushalt. Über Jahre hinweg blieb der Römerberg ein Unort, dem nicht einmal der Dom und dessen Turm mit der Kaiserkrone obenauf einen Hauch von Glanz verlieh. Obwohl die Stadt den wiederholt vom »Bund tätiger Altstadtfreunde« gemachten Vorschlag, den Platz auf unbestimmte Zeit unbebaut zu lassen, stets rigoros abgelehnt hatte, war sie ihm unbeabsichtigt gefolgt.

Dann kam der Beton. Viel Beton. Das war Anfang der siebziger Jahre. Auf der einen Seite, zur Baubachstraße hin, wurden für das Technische Rathaus Stockwerk für Stockwerk drei Türme in die Höhe gegossen, der höchste mit dreizehn Etagen. Es war ein Monstrum der brutalistischen Architektur, daran konnten auch die Metallgestänge an den Fassaden nichts ändern, die das Gebäude auflockern sollten. Und auf der anderen Seite, hinter der Alten Nicolaikirche, entstand etliche Etagen niedriger, aber mit seinen ornamentfreien, kantigen Sichtbetonoberflächen noch kälter und nackter, das Historische Museum, für das der Volksmund schnell Namen wie »Bunker« oder »Parkhaus« gefunden hatte. Geradezu idyllisch muteten im Gegensatz dazu die Mauerreste der karolingischen Kaiserpfalz an, von denen beim Bau der U-Bahn und einer zweigeschossigen Tiefgarage Ende der sechziger Jahre zur Freude der Archäologen und Historiker immer mehr aufgetaucht waren, die aber von den Stadtplanern eher als Last begriffen wurden. Vieles wurde kurzerhand weggebaggert, vor einen Rest setzte man ein paar Stufen und baute eine Terrasse darüber. Das ganze hieß »Archäologischer Garten« und zeugte vor allem von schlechtem Gewissen. Mit ein wenig mehr Gestaltungswillen hätte daraus vielleicht so etwas wie ein Treffpunkt entstehen können, aber mit wem und warum hätte man sich ausgerechnet auf dem Römerberg treffen sollen? Das tat man erst, als Anfang der achtziger Jahre die Rekonstruktion der Ostzeile mit ihren Fachwerkhäusern abgeschlossen war, Mitte der Achtziger die Kunsthalle Schirn eröffnet wurde und gleichsam als Kontrapunkt zur Fachwerkromantik des Römerbergs die Saalgasse für zwölf ausgewählte Architekturbüros ausdrücklich zu einem Experimentierfeld der Postmoderne werden durfte.

Dabei machte damals eigentlich alles auf und rund um den

Römerberg den Eindruck, als würde aufs Geradewohl experimentiert. Mit unterschiedlichen Materialien. Mit unterschiedlichen Stilmitteln. Mit unterschiedlichen Weltbildern. Schon die Relikte der Ausgrabungen reichten ja zurück bis in die Zeit der Römer. Nun knüpfte manches an eine romantisierte Vorstellung des Mittelalters an, anderes an die Errungenschaften der Renaissance, und dann hatte man auch noch ein bisschen Science-Fiction spielen wollen. Am Ende entstand deshalb weniger ein Kompromiss als eine Collage, in die man mit übertrieben gutem Willen ein dialektisches Prinzip hineinlesen konnte, das bewusst jede Form von Harmonie verhindern wollte. Später freilich machte genau das die Entscheidung umso einfacher, das eine oder andere Gebäude wieder abzureißen. Sogar das Technische Rathaus. Vor seinem Bau hatte es in der Frankfurter Innenstadt etliche Demonstrationen gegen das Gebäude gegeben, aber nicht einmal der Vorschlag der »Freude Frankfurts«, es auf den Börneplatz zu stellen, der damals noch Dominikanerplatz hieß, wurde vom Stadtparlament ernsthaft erwogen. Als sein Abriss verkündet wurde, blieb der große Aufschrei unter den Frankfurtern aus.

So wie sich Oberbürgermeister Walter Kolb am 17. Oktober 1946 mit Presslufthammer hatte fotografieren lassen, als er mit der Trümmerbeseitigung eine neue Ära des Römerbergareals gleichsam einrattern wollte, und so wie Oberbürgermeister Walter Wallmann am 31. Januar 1981 symbolisch die Spitzhacke schwang, um den Aufbau der Ostseite des Römerbergs einzuleiten, so setzte sich am 12. April 2010 die Oberbürgermeisterin Petra Roth für die versammelte Fotografenmeute der Lokalpresse hinter die Schaltknüppel eines Baggers und riss dem Technischen Rathaus das erste Stück Beton aus seiner Fassade. Wer damals gestand, den Bau der Architekten Bartsch, Thürwächter und Weber

so hässlich gar nicht zu finden, machte sich im Freundeskreis rasch unbeliebt. Dafür waren spätestens nach dem ersten Weihnachtsmarkt auf dem neugestalteten Römerberg, 1983, auch all jene bis über beide Ohren in die Ostzeile verliebt, die den Wiederaufbau der Häuser mit ihrem offenen, frei erfundenen Fachwerk zuvor lautstark als Tüttelkram und Mickeymaus-Mittelalter bezeichnet hatten.

Nun ist es ja nicht so, dass es Frankfurt an großartigen Beispielen moderner Architektur mangelt. Und gerade im Hochhausbau verliert die Stadt ihre doch sonst für sie so typische Bescheidenheit. Keine zweite Stadt in Deutschland besitzt eine auch nur annähernd ähnlich markante Silhouette. Mehr noch: Frankfurt, lässt sich guten Gewissens sagen, ist überhaupt die einzige deutsche Stadt mit einer Skyline. Schaut man von Westen her, vom Vordertaunus aus, stellen sich die Hochhäuser von der verdrehten Europäischen Zentralbank bis zum eleganten Messeturm in langer Reihe auf und könnten mit ihrem Auf und Ab als Verlauf der DAX-Kurve gedeutet werden. Blickt man von Osten her, wirken sie kompakt wie eine Festung. Uneinnehmbar. Und von Süden aus stehen die Türme locker beieinander wie Menschen bei einem Cocktail-Empfang, geradeso, als plauderten sie miteinander. Und jeweils mittendrin und zugleich über alle anderen hinweg schauend, so hoch, dass er einst das höchste Gebäude Europas gewesen ist: der Commerzbank Tower. Als Leuchtturm reckt er sich gen Himmel und strahlt nachts von den obersten Etagen aus sein gelbes Licht über die Stadt. Wie ein Signal. Es ist ein erhebender Anblick, in den sich ein Moment von Stolz mischt und der einer dreiviertel Million Menschen aus hundertachtzig Nationen womöglich so etwas wie ein modernes Heimatgefühl spüren lässt. Und doch bleibt ein Rest von Kälte. Geläufige Bezeichnungen wie »Bankfurt« und »Mainhattan« sind schließlich keine Kosenamen. Auch wenn im Bankenzentrum das Herz der Stadt schlagen mag und es den Puls der Geschäfte vorgibt, sucht man dort vergebens nach einer Seele. Vielleicht war deshalb die Sehnsucht so groß nach einem Viertel wie der neuen Altstadt. Vielleicht brauchte es deren Kleinteiligkeit, damit man sich wieder verorten kann. Knapp achttausend Quadratmeter Grund wurden zwischen Dom und Römer für die Neubebauung frei, nachdem Bagger das Technische Rathaus endgültig zerlegt hatten und die letzten Trümmer abgeräumt waren. Mehr war es nicht. Die Wirkung der Neuen Altstadt aber steht in umgekehrtem Verhältnis zu ihrer Größe. Man kann es kaum glauben, welche Vielfalt an Sträßchen und Gassen, kleinsten Höfen, umbauten Plätzen, Passagen und vielgliedrigen Häuserzeilen sich auf dem engen Raum verwirklichen ließ.

Dabei war ihre Rekonstruktion, nachdem entschieden war,

das asbestverseuchte Technische Rathaus abzureißen, keineswegs ausgemachte Sache. Vielmehr sollte der Einfachheit halber zunächst ein Investor gesucht werden, der die Gestaltung des Areals nach seinen Bedürfnissen organisiert. Und schon war die Rede von einem sechsgeschossigen Luxushotel mit Zugang von der Braubachstraße aus. Und als die Stadt doch noch einen Wettbewerb ausschrieb, wurde einstimmig der Entwurf des Architekturbüros KSP Engel und Zimmermann zum Sieger gekürt, der kaum Rücksicht nahm auf die ursprüngliche Straßenführung und dessen rasch hin skizzierte Gebäude sich durch gerade Linien, glatte Fassaden und flache Dächer auszeichneten. In die Debatten hinein allerdings hatte der einzige Stadtverordnete der rechtspopulistischen »Bürger für Frankfurt« Ende August 2005 den Antrag gestellt, sich bei der Bebauung »am Erscheinungsbild der Altstadt vor der Zerstörung im Zweiten Weltkrieg« zu orientieren und verlangt, dass »historisch wertvolle Gebäude« wie etwa die Goldene Waage rekonstruiert werden sollten. Und weil die Jury immer unglücklicher über ihre Entscheidung wurde und selbst zahlreiche Nachbesserungen bis hin zu einer Dachlandschaft mit Giebeln am Ende niemanden mehr überzeugten, machten sich CDU und Grüne, die vor der Kommunalwahl im Frühjahr 2006 laut über eine Koalition nachdachten, den Antrag der »Bürger für Frankfurt« zu eigen. »Es war eine Niederlage für die zeitgenössische Architektur«, sagte Jürgen Engel später. Den Auftrag für die Gestaltung des Areals hatte er nach der Wahl an die Kommune zurückgegeben.

An Fahrt nahm die Planung schließlich auf, als ein Student für seine Diplomarbeit die digitale Simulation einer rekonstruierten Altstadt am Computer entworfen hatte, die wiederum ein Geograph um detaillierte virtuelle Modelle ergänzte: Zum ersten

Mal war nun jenseits historischer Fotografien deutlich zu erkennen und für jedermann zu verstehen, worum es ging. Bei einem Spaziergang durch den künstlich geschaffenen Raum ergaben sich bezauberndste Perspektiven. In Farbe! Der neue Plan sah noch vor, sich so exakt wie möglich an die Parzellierung der Zeit um 1720 zu halten, allerdings berief man sich später auf einen detaillierten Katasterplan aus dem Jahr 1876. Fünfunddreißig Häuser sollten entstehen, jedes zentimetergenau auf historisch belegtem Grund. Vier als kunsthistorisch wichtig betrachtete Gebäude wollte man an Hand von Plänen, Stichen und Fotografien möglichst exakt rekonstruieren, die anderen sollten sich der Gesamtwirkung eines Altstadt-Ensembles unterordnen. Im Laufe der Planungen änderte sich das Zahlenverhältnis immer wieder und endete bei fünfzehn Rekonstruktionen und zwanzig Neubauten, von denen man sich zunächst nur wünschte, dass sie die »Charakteristik eines durch altstadttypische Dichte geprägte, kleinteilig strukturierten Quartiers« erkennen lassen. Bisweilen wurde für diese Gebäude auch der nostalgisch gefärbte Begriff »Nachempfindungen« benutzt. Schon im neunzehnten Jahrhundert hatten Kunsthistoriker darauf hingewiesen, dass der baugeschichtliche Wert der Frankfurter Altstadt weniger in einzelnen Bauwerken begründet ist, als in deren Zusammenspiel. Dennoch forderten nun mit gewisser Vehemenz gleich mehrere Bürgerinitiativen eine komplette Rekonstruktion. Dazu aber fehlten nicht nur entscheidende Angaben zur Architektur, von manchen Häusern in den engen Gassen gab es nicht einmal Bilder ihrer Fassaden – es mangelte an den finanziellen Mitteln. Darüber hinaus musste Rücksicht auf die Eingänge zur U-Bahn und zur Tiefgarage genommen werden. Womit kaum jemand gerechnet hatte, und worüber man jetzt noch staunen kann, ist die ungeheure Höhe

der Häuser. Manche sind zweiundzwanzig Meter hoch. Von Puppenstube mochte schon bald keiner mehr sprechen. Am erstaunlichsten aber war die Anteilnahme der Bürger an den Planungen. Lange schienen die Frankfurter dem Glauben aufgesessen, gerade der ständige Wechsel des Stadtbilds sei ein wesentliches Kriterium der Identität Frankfurts. Weshalb kaum je einzelne Bauten oder Bauvorhaben sonderlich viel Interesse erweckten. Wie ein Reptil schien Frankfurt nur durch Häutung wachsen zu können. Vor allem in die Höhe. Aber selbst architektonische Ausnahmeerscheinungen wie den sachlichen Opernturm oder das verspielte Jumeirah Hotel in der Innenstadt wurden eher schulterzuckend zur Kenntnis genommen. Erst bei der Altstadt hatte plötzlich jeder seine Meinung. Die einen, weil sie damit Erinnerungen an ihre Kindheit verbanden, die anderen, weil sie der einfallslosen Investoren-Architektur immer gleicher Würfel in den neu erschlossenen Wohngebieten müde waren und darin nur noch den Offenbarungseid eines ganzen Berufsstands erkennen konnten. Damit, dass dieser sich wiederum nahezu geschlossen gegen die Pläne einer historisierenden Bebauung wehrte und den Bürgern sogar ein infantiles Verhältnis zur Architektur vorwarf, half er seinem Ansehen bei diesen nicht weiter.

Auffallend an der Debatte war, wie sehr auch sie wieder auf den exakt gleichen Argumenten basierte, mit denen die Gegner eines Wiederaufbaus erst das Goethehaus und die Paulskirche, dann die Ostzeile auf dem Römerberg hatten verhindern wollen. Wiederum war die Rede davon, dass mit dem Verwischen der Spuren des Zweiten Weltkriegs möglicherweise auch die Erinnerung an die deutsche Schuld getilgt würde und dass gebaute Täuschung zur Kulisse einer Lebenslüge würde. Geradeso, als zöge ein rekonstruierter Teil der Stadt eine konstruierte Geschichte nach sich. Es fielen Begriffe wie Eskapismus, und neuerlich musste der Name Disneyland als Kampfbegriff herhalten. »Eine solche historisierende Bebauung hat keinen Anspruch auf Authentizität und Wahrhaftigkeit und bietet keine Möglichkeit der Identifikation der BürgerInnen mit ihr«, schrieb der »Bund Deutscher Architekten Frankfurt« gemeinsam mit dem »Deutschen Werkbund Hessen« in einem an die Stadtversammlung und den Magistrat gerichteten Brief. In einem Workshop erarbeitete der Berufsverband sogar weitere Modelle einer kleinteiligen Bebauung mit moderner Architektur. Doch wurden sie kaum noch zur Kenntnis genommen. Die Frustration der Architekten bündelte sich in der von Arroganz nicht freien Anklage, »dass die wesentlichen Weichenstellungen allein durch Laien getroffen werden sollen«. Der Zug aber war abgefahren. In einer Architekturkritik der *Frankfurter Allgemeinen Zeitung* hieß es dazu: »Die Fehlschläge, die uns die Hybris und Elefantitis dreier Architektengenerationen aufgezwungen haben, lassen an Brechts Wort von der Regierung denken, die sich ein neues Volk suchen müsse.«

War es wirklich ein Gefühl von Unsicherheit angesichts der kaum noch überschaubaren Herausforderungen in einer globalisierten Welt, das den Rückgriff auf Vergangenheit steuerte und forcierte, auf eine vermeintlich heile Welt? Oder war es nicht viel eher ein reine der Frage der Ästhetik, eines Begriffs von Schönheit, für den man hier jenseits aller Epochenwandel mit seinen Formen und Proportionen einen Anspruch auf Allgemeingültigkeit erhob. Jedenfalls boten den »BürgerInnen« ganz offensichtlich ihre Forderung nach Rekonstruktion, hinter der mitunter die Macht eines Volksbegehrens aufflackerte, eine Möglichkeit der Identität. Dabei hatten ausgerechnet die »Bürger für Frankfurt« in ihrem Antrag im Sommer 2005, »Frankfurt an historisch traditionsreichstem Ort ein Stück seiner verlorenen Stadtseele zurückzugeben«, auch auf die wirtschaftliche Bedeutung einer solchen »besonderen Attraktion« hingewiesen. Sie würde eine sehr viel erfolgreichere Vermarktung von Geschäfts-, Büro- und Wohnraum in Aussicht stellen, als man es von einer »mehr oder weniger modern-auswechselbaren Gestaltung« erwarten dürfe. Ihr Geist als Messe-, Banken- und Handelsplatz ist Frankfurt nicht auszutreiben.

Die Planungen zogen sich hin. Wurden aber immer konkreter. Noch stand ja das Technische Rathaus. Aber schon wurden Satzungen verabschiedet, nach welchen Kriterien die Wohnungen verkauft und die Ladengeschäfte vermietet werden sollten. Interessenten wurde zudem die Möglichkeit geboten, sogenannte »schöpferische Rekonstruktionen« zu erwerben, was deren Zahl im Laufe der Vorbereitungen stetig erhöhte und auch weiterhin erhöhen sollte. Die eigens gegründete Dom-Römer GmbH übernahm von nun an die Aufsicht. Im Dezember 2009 wurde eine detaillierte Gestaltungssatzung für die »Nachempfindungen« erlassen, auf die im Sommer darauf ein weiterer Wettbewerb für ebendiese Neubauten folgte. Es gehe, hieß es in der Ausschreibung, »um eine konkrete Architektur, die auf der Ebene des Hauses bis ins gebaute Detail hinein eine Auseinandersetzung mit Ort und Geschichte führt und in der Lage ist, das architekturgeschichtliche Erbe im Gegenwartsbezug vollumfänglich zu absorbieren«. Hundertneunzig Arbeiten wurden am Ende eingereicht, eine Jury vergab vierundzwanzig erste Preise, zwölf zweite und dreizehn Anerkennungen. Im Frühjahr 2011 zeigte eine Ausstellung unter allgemeiner Zustimmung, welche Form die Neue Altstadt annehmen wird. Am 23. Januar 2012 war Grundsteinlegung.

Gut zwei Jahre hatte man für den Bau veranschlagt und Kosten von hundertvierzig Millionen Euro. Beide Berechnungen erwiesen sich als optimistisch. Eröffnet wurde die Neue Altstadt im September 2018, ohne dass sie zu dem Zeitpunkt bezugsfertig gewesen wäre. Und die Kosten überschritten zweihundert Millionen. Was nicht nur an unvorhergesehenen Problemen mit der Tiefgarage und deren Zufahrt lag, sondern auch daran, dass selbst für kleinste Details größtmöglicher Ehrgeiz entwickelt wurde.

4

DIE MONA LISA DES HISTORISCHEN MUSEUMS –
Das Altstadtmodell der Brüder Treuner

Mäuschen müsste man sein. Dann schaffte man es, durch dieses Labyrinth zu kriechen. Durch dieses Geschiebe von Häusern, Gassen und Höfen, vom Domplatz aus nach Westen, zum Römer hin, in ein Dickicht hinein aus lauter schmalen Gebäuden, die mit jedem Stockwerk ein wenig mehr nach vorne kragen, bis sich ihre Dachkanten fast mit denen der gegenüberliegenden Häuser berühren, so dass kaum Licht auf die Straßen fällt und man bisweilen wohl meinen könnte, in einem Tunnel unterwegs zu sein. Als Mäuschen liefen wir im Zickzackkurs an den Schirnen entlang und dann mitten hinein in das unentwirrbare Geflecht zwischen Schlachthaus- und Goldhutgasse, schauten uns am Fünffingerplätzchen kurz um, ohne uns wirklich orientieren zu können, und mäanderten durch Drachen- und Flößer-, Schwertfeger- und Rapunzelgässchen zum Markt und von dort weiter auf den Römerberg, auf dem wir zum ersten Mal wieder dazu kämen, Luft zu holen und auf dem wir darüber nachdenken könnten, ob das nun ein Gefühl der Beklemmung gewesen ist oder ob wir uns wohl umschlossen fühlten. Gut aufgehoben. Fast schon umarmt. Aber wir sind keine Mäuschen. Wir können uns nicht zwischen die Fassaden klemmen und an den Häuserwänden hinaufschauen und sehen deshalb dort, wo es kaum noch Zwischenräume gibt, weil selbst Höfe eng bebaut sind und viele Häuser auf drei Seiten an ihre Nachbarn stoßen, kaum je die Fenster und noch seltener die Türen, sondern vor allem Dächer. Es ist ein Meer von grauen Dächern mit Giebeln und Gauben, Türmchen und Zwerchhäusern. Wie das Auf und Nieder der Dünung eines aufgewühlten Ozeans wirkt das, aus denen als Rettungsbojen die Türme von Paulskirche und St. Nikolai, der Rathausturm Langer Franz und der wunderbare Turm des Doms St. Bartholomäus herausragen.

Wie Frankfurts Altstadt im Jahr 1927 von oben ausgesehen hat, davon vermittelt das Modell der Brüder Robert und Hermann Treuner eine perfekte Vorstellung. Mit Hunderten von Häuschen haben sie im Laufe von mehr als dreißig Jahren auf einer Fläche von fünf Meter sechzig auf zwei Meter fünfzig das Areal vom Dominikanerkloster bis zum Karmeliterkloster und von der Schnurgasse bis hinunter an den Mainkai nachgebaut. Jedes Gebäude mit einem Genauigkeitsanspruch, der an Manie heranreicht. Jedes Gebäude im Maßstab eins zu zweihundert zentimetergenau an seinem Ort. Selbst die hügelige Topographie des Römerbergs haben die Brüder mit Auskehlungen oder Unterfütterungen ihrer Bodenplatten berücksichtigt. Mit einer Höhe von zweiundvierzigeinhalb Zentimetern schiebt sich der Domturm aus dem Wirrwarr heraus.

Heute steht das Modell im Neubau des Historischen Museums. Wer es gesehen hat, begreift die Liebe der Frankfurter zu ihrem alten Stadtkern, der ursprünglichen Stadt, begreift, was sie meinen, wenn sie erzählen, Frankfurt habe vor dem Krieg die letzte komplett gotische Altstadt aller deutschen Großstädte besessen. An diesem Modell sollte deshalb jeder Besuch der Neuen Altstadt beginnen. Es steht hinter Glas, und es gibt wohl keine Minute, in der sich nicht Besucher an den Scheiben die Nasen platt drücken. In gewisser Weise ist es die Mona Lisa des Historischen Museums.

Die Buben Robert und Hermann Treuner waren zwei und drei Jahre alt, als ihre Eltern 1879 von Thüringen nach Frankfurt zogen, mitten hinein in die Altstadt. Nach dem Schulabschluss gingen die beiden Jungs beim Vater, einem Porzellanmaler, in die Lehre. Während Hermann auch Zeichenunterricht im Städel nahm, entdeckte Robert seine Lust an Modellen, baute mit Sperrholz, Karton und Papier maßstabsgetreu das Metzgerviertel um die Schirn am Alten Markt und bemalte die Häuschen mit solcher Detailfreude, dass ihm das Historische Museum das Modell 1912 kurzerhand abkaufte und nur zwei Jahre später zur Weltausstellung nach Lyon schickte, wo es in den Wirren des ausbrechenden Weltkriegs leider verloren ging. Dennoch erinnerte man sich an den Bastler, und als Mitte der zwanziger Jahre der damalige Planungsdezernent Ernst May die Häuserreihen der Fahrgasse zum Abriss freigab, um die Straße unmittelbar hinter dem Dom, die Hauptverbindung zur Alten Brücke und damit über den Main, dem neuen Verkehrsaufkommen anzupassen und zu verbreitern, fragte das Historische Museum bei den Brüdern Treuner an, ob sie nicht das, was nun der Spitzhacke zum Opfer fallen würde, wenigstens im Modell retten könnten.

Aus dem Auftrag entwickelte sich eine Leidenschaft, von der die beiden Brüder nie wieder loskamen. Straße für Straße, Gasse für Gasse arbeiteten sie sich von Osten nach Westen durch die Altstadt und setzten im Laufe von Jahrzehnten Block für Block den gesamten Innenstadtbereich zusammen. Obwohl die Idee auch vom Historischen Museum angeregt war, nicht zuletzt wegen der großartigen Vorbilder aus Regensburg und München, Ingolstadt und Straubing, hielt sich die finanzielle Unterstützung

durch die Stadt in Grenzen, häufiger wohl erhielten die beiden Zuwendungen vom »Bund tätiger Altstadtfreunde«. Selbst als die jeweils fertigen Häuser längst im Stadtgeschichtlichen Museum und später im Rathaus dauerhaft ausgestellt wurden, floss Geld nur spärlich. Ihren Lebensunterhalt verdienten sich die Brüder deshalb eher schlecht als recht als Maler und Zeichner sowie mit Modellen für Architekten. Ihre Lebensaufgabe aber war das Altstadtmodell.

Jedes Gebäude vermaßen sie dafür an Ort und Stelle von den verrosteten Kellerklappen links und rechts der Haustüren bis hinauf zum Dachgiebel. In ihren Kladden notierten sie die Farben von Fassaden und Fensterrahmen. Werbetafeln wurden kopiert, ebenso die Schriftzüge der Handwerker über ihren Läden und die Auslagen in den Schaufenstern, dazu die Bänder, Säulchen und Ornamente zwischen den Fensterreihen.

Jedes Kind der Altstadt, so heißt es, habe die beiden gekannt. Und auf die Frage von Fremden, wer die beiden Herren seien, sollen sie geantwortet haben: »Des sinn doch die Treuners, wo uff all Dächer rumklettern un aus unserer Altstadt e groß Bobbestubb mache wolle.« Regelmäßig rückten die beiden mit Leitern, Zollstock und Maßbändern an, und auf alten Fotografien sieht man sie auf halsbrecherische Weise selbst in luftigsten Höhen Maß nehmen, damit später die Neigungswinkel von Dachkehlen stimmten und Wetterhahn, Schornstein und Wasserrinne an der richtigen Stelle saßen. Sogar für die Hinterhöfe, die im Modell kein Mensch mehr sehen würde, stellten sie dieselben hohen Ansprüche an ihre Arbeit und gestalteten noch die unscheinbarste Wand als farbig-plastisches Relief. Von der Stadt hatten sie ein Dokument erhalten, mit dem um Einlass der beiden Brüder in jedes Haus gebeten wurde. Und schon bald wurde kein Gebäude mehr abgerissen oder auch nur baulich verändert, bevor die Treuners dokumentiert hatten, was sie an Daten brauchten. Dutzende dicke Skizzenbücher kamen so zusammen, in die sie die Häuser gleich maßstabsgerecht gezeichnet hatten, wodurch die Entwürfe später eins zu eins auf die Brettchen übertragen werden konnten. Am Ende hatten sie mehr und bessere Informationen beieinander als das Katasteramt der Stadt. Und so konnte Hermann Treuner auch nach den Bombenangriffen des Zweiten Weltkriegs an dem Modell weiterarbeiten, als sein Bruder Robert längst gestorben war und von dem bunten Gekribbel der siebenhundert Jahre alten Altstadt nur Berge von Schutt übrig geblieben waren. Die Modellhäuschen der Treuners hatte man glücklicherweise schon 1939 in Kisten gepackt und im Griesheimer Bunker sicher verwahrt. Nun erst recht, schien das Motto von Hermann Treuner – auch als mahnende Erinnerung an das, was Frankfurt verloren hatte.

»Ich brauch kaan, wann ich schaff«, zitiert ihn Fried Lübbecke, der ihn im Sommer 1955 in seinem Atelier in Eschersheim besuchte. »So mei acht Stunne steh' ich als jeden Tach an meiner Arweit. Bis Weihnachte is aach der Block vom Karmeliterkloster fertig. Gott sei Dank hawwe mer'n noch vor neunzehnhunnertdreiunnverzzich vermesse. Da war der Robert noch gut beieinanner. Nachher hat en des Herzasthma gepackt. Am siwwtente Juni 1948 is er gestorwe.«

Es soll in dem Haus eine aufgeräumte und friedsame, kleinbürgerliche Atmosphäre geherrscht haben. An einem Brett hingen ein Dutzend halblanger Pfeifen. Ohne eine solche im Mund sind die Brüder auf kaum einem Foto zu sehen, einerlei, ob sie in ihrem Studio dem Dom mit feinsten Pinseln den letzten Schliff geben oder ob in luftiger Höhe auf dem Dach des Hauses Goldene Waage der eine den anderen hält, während der mit erschreckender Selbstsicherheit die Schindeln untersucht. Mit der Zeit hätten sie, soll Hermann Treuner gesagt haben, eine »dachdeckerhafte Geschicklichkeit« entwickelt. Ansonsten waren sie wohl eher wortkarg. Vielleicht sahen sie sich in der Tradition früher Dombaumeister, vielleicht in der von Mönchen, die jahrein, jahraus Bibeltexte kopierten und mit Miniaturen schmückten.

Sägen, schnitzen, grundieren und bemalen, dazu ankleben, was hervorsteht, und die Brettchen an den Stellen aushöhlen, an denen die Fenster sitzen. Keine Fassade des Modells ist reine Fläche, sondern jede ein Relief. Die Arbeit zog sich in die Länge, und der ursprüngliche Plan, auf einem Grundriss von neuneinhalb auf fünf Metern das Modell bis zum Liebfrauenberg und weiter zu den Grabenstraßen zu ergänzen sowie Alt-Sachsenhausen einzubeziehen, musste irgendwann fallen gelassen werden. Nicht nur der Arbeit wegen, die Hermann Treuner nicht mehr zu leisten in der Lage war. Es fehlten die nötigen Aufmessungen.

Auf großem Fuß lebte Hermann Treuner auch in seinen letzten Jahren nicht; im Gegenteil. »Not war oft bei ihnen zu Gast«, hieß es in einem Nachruf zu seinem Tod im Sommer 1962. Aber womöglich war es die Erfahrung des Mangels und der Mittellosigkeit, die ihn bis zum Schluss antrieb, eine für immer verlorene, vermeintlich heile Welt neu aufzubauen. Es ist ein durch und durch romantisches Bild, das sich hinter dem Modell auftut. Mit den windschiefen Häuschen, eng aneinandergedrückt, jedes ganz und gar eigen und doch Teil eines Gesamtkunstwerks, das sich wie eine Familie aus Häusern präsentiert, vermittelt es ein Moment von Behaglichkeit. Von guter, alter Zeit. Natürlich: Von hygienischen Missständen ist in dem Modell so wenig zu erkennen wie von baupolizeilichen Verordnungen, die in den zwanziger und dreißiger Jahren das Betreten etlicher einsturzgefährdeter Häuser verboten. Man sieht keinen Dreck in den Gassen und auch keinen einzigen Menschen. Sie sei eine Welt wie im Traum gewesen, hatte Hermann Treuner bei Gelegenheit einem Journalisten in den Block diktiert: »Nur wer in Altfrankfurt uffgewachse is, konnt es von ganzem Verstand begreife und von ganzen Herzen liebe, ohne dass es uns aaner gesagt hätt.«

Umso wichtiger schien es nach dem Krieg, das Modell nicht nur wieder hervorzuholen, sondern auch weiter daran zu arbeiten. »Die Altstadt lebt noch – In den Modellen der Gebrüder Treuner«, schrieb die *Frankfurter Neue Presse* an Weihnachten 1946. Diejenigen, die den Aufbau der Altstadt forderten, bezogen sich denn auch zum nicht geringen Teil auf dieses Modell. Und natürlich war Politik im Spiel, als Albert Rapp, der Leiter des Historischen Museums, das Modell 1950 im Römer ausstellte und es von Hermann Treuner in den folgenden Jahren fortlaufend ergänzen ließ. Eindeutig hatte Rapp sich für den Wiederaufbau eingesetzt. Dazu kam es nicht. Anfang der sechziger Jahre nannte die *Frankfurter Rundschau* das Modell nur noch »Gestalt gewordene Erinnerung an das geliebte, im Krieg dahingesunkene alte Frankfurt«.

Werden wir noch einmal Mäuschen. Trippeln wir im Modell der Brüder Treuner zurück vom Römer zum Dom, doch diesmal über die Straße, die offiziell Markt und manchmal Alter Markt heißt, aber für die Frankfurter immer nur der Krönungsweg gewesen ist. Die Straße ist ein wenig breiter als die Gassen von Süd nach Nord, vom Main in die Stadt, und deshalb sind die Fassaden auch ein wenig besser zu erkennen. Acht Gebäude sind es links: von dem breitausladendem Haus Zu den drei Römern bis zum Haus zum Schlegel, dazwischen die Kopfapotheke, das Gasthaus

Eule, das Alte Kaufhaus und der Würzgarten. Kramergasse hieß dieser Teil einmal und war den Krämern, Drogisten und Apothekern vorbehalten. Die Häuser haben fast alle vier Etagen, aber die Geschosshöhen weichen voneinander ab, und so ergeben die langen Fensterreihen ein flatterndes Band und die Dachsimse hüpfen als breite Stufen auf und ab. Es ist ein putziges Bild, zumal die Fassaden schmal sind, eine von ihnen so schmal, dass die Front neben der Tür gerade noch Platz für zwei winzigste Fenster hat. Trotzdem trägt das Haus den edlen Namen Goldenes Haupt.

Auf der anderen Seite, der Südseite des Alten Markts, reihten sich zwischen Römerberg und Goldhutgasse wahre Kunstwerke aneinander, mit steinernen Arkaden, skulptierten Pforten und aufs Feinste ausgearbeiteten Gesimsen. Jedes Haus ein Monolith, losgelöst vom Nachbarn durch je eine Gasse links und rechts, Bürgerhäuser im besten Sinn, darunter das Goldene Hähnchen und das Goldene Schaf, Namen, die den hohen Ertragswert der Häuser herausstellten. Nicht zuletzt wegen ihres ungehinderten Blicks auf den Krönungsweg hinunter.

Aber daran, sie beim Bau der neuen Altstadt zu berücksichtigen, war nicht zu denken. Dort ragt heute ein Hügel auf, auf dem die Kunsthalle Schirn thront. Treppen führen von links und rechts hinauf, dazu parallel zum Krönungsweg ein steiler Pfad und unter einer Pergola aus rotem Sandstein noch einmal gut ein Dutzend Stufen. In ihrem Verlauf immerhin nimmt die Pergola die Häuserflucht von einst auf. Aber von Enge ist nichts zu spüren.

5

UND AUS DEM BRUNNEN FLIESST DER WEIN –

Die Kaiserkrönung war ein rauschendes Fest

Es sind zweihundertfünfunddreißig Schritte von der Pforte des Doms zu den Stufen des Römers. Läuft man zügig, braucht man nicht einmal zwei Minuten für die Strecke, die viele jetzt wieder Krönungsweg nennen und die man erst seit kurzem wieder so gehen kann, wie Könige und Kaiser sie viele Jahrhunderte lang gegangen sind. Sie freilich waren länger unterwegs. Obwohl sie ritten. Aber welch Trubel herrschte damals entlang des Wegs, der gesäumt war von Tausenden und Abertausenden Menschen. Damit das Pferd nicht durch Dreck der Gasse stapfen musste, hatte man einen Holzsteg darüber gezimmert und diesen wiederum mit Stoff ausgelegt. Und damit der Kaiser vom Dreck möglichst wenig ertragen und ihn vor allem nicht riechen musste, waren über die gesamte Strecke Blumenblüten ausgestreut. Zwölf Schöffen und Ratsherren der Stadt schirmten ihn zudem mit einem Baldachin ab.

Der Krönungsweg ist den Frankfurtern wichtig. Und dass die Terrasse des Technischen Rathauses ihn so überbaut hatte, dass man Stufen hinauf und wieder hinuntergehen musste, um vom Dom zum Römer zu gelangen, schrammte für viele nur knapp an einem Sakrileg vorbei. Dabei wollte Frankfurt niemals Residenzstadt sein und fühlte sich nur deshalb während der Wahlen und Krönungen von Königen und Kaisern so wohl, weil jeder wusste, dass die Herrschaften nach einiger Zeit wieder verschwinden würden. Jetzt gibt es ihn wieder, den Krönungsweg, samt seinen kleinen Bögen, die verhindern, dass man von einem Ende zum anderen schauen kann. Weil sich auf halbem Weg wie auf ihrem eigenen Tempelberg die Rotunde der Schirn erhebt, ist er dort jedoch nur auf einer Seite von Häusern gesäumt, und den Planern des neuen alten Viertels ist nichts Besseres eingefallen, als ihnen gegenüber wie eine Art Grenzzaun eine Pergola aus rotem Sandstein aufzustellen, mit der die Treppe hinauf zur Schirn verdeckt wird und der Verlauf der ursprünglichen Bebauung markiert, anstatt auf den Vorschlag der Tochter Liesel Christs, Frankfurts legendärer Volksschauspielerin, einzugehen: »Dynamit!« Ansonsten fänden sich die Kaiser, Könige und deren Gefolge, kämen sie zurück in die Stadt, durchaus zurecht. Am einen Ende, am Römer, erkennten sie das Steinerne Haus und den Goldenen Engel wieder, am anderen, dem Dom, die Goldene Waage, und in engster Nachbarschaft dazu erinnerten sie sich vermutlich ans Rote Haus, vor dessen Halle ihnen die Metzger traditionell einen silbernen Pokal mit Wein gereicht haben sollen. Der Rest? Nun, er würde sie stutzig machen. Vielleicht dächten sie einen Moment über die Moden nach, die nicht nur der Kleidung in allen Epochen einen je neuen Schnitt verpassen, sondern auch vor den Fassaden der Häuser nicht Halt machen. Aber vielleicht hatten sie sich nie Gedanken über die Gebäude gemacht, weil sie nicht Wände gesehen hatten, sondern nur Köpfe von Schaulustigen, die während der Feierlichkeiten solch hohen Eintritt bezahlten, um von den Häusern der Bürger und Handwerker aus das Geschehen verfolgen zu können, dass mancher Hausbesitzer kurzerhand das Stroh, die Erde, den Ton und was immer sonst

zwischen den Balken des Fachwerks steckte, herausriss, um neben den Fenstern noch etliche Plätze mehr verkaufen zu können. »Der kleinste Winckel bringet Geld in der Meß«, notierte 1747 Johann Bernhard Müller in seiner *Beschreibung des gegenwärtigen Zustandes der Freien Reichs-Wahl- und Handels-Stadt Franckfurt am Mayn.* »Und zur Zeit der Wahl und Crönung eines Kaysers gibt offt ein einziges Fenster hundert Ducaten, um Processionen, Verrichtungen der Ertz-Aemter und anderen Ceremonien mit anzusehen.«

Gewählt wurden Könige in Frankfurt vom Jahr 855 an, als erster Lothar II., König von Lothringen. Aber nicht alle Wahlen fanden in Frankfurt statt, erst mit der Goldenen Bulle von 1356 ging das Gewohnheitsrecht über in das unter Karl IV. verfasste Reichsgrundgesetz. Und selbst dann krönte man die Herrscher meist nach wie vor in Aachen zum römischen König. Die Kaiserkrone erhielten sie vom Papst in Rom. Dass 1562 mit Maximilian II. zum ersten Mal ein Kaiser im Frankfurter Dom gekrönt wurde, verdankte sich einem Zufall. Wegen eines Todesfalls stand kein Kölner Erzbischof für die Zeremonie zur Verfügung, was das Kurfürstenkollegium auf die Idee brachte, den Mainzer Erzbischof mit der Aufgabe zu betrauen. Doch verstand es Frankfurt, seine Lage als Verkehrsknotenpunkt im Zentrum Deutschlands für die Zukunft auszuspielen. Mit den Habsburgern war Wien zu einem Reichszentrum geworden. Aachen lag plötzlich am Rand der Landkarte. Zudem konnte Frankfurt nicht nur mit dem Bartholomäusdom, sondern auch mit seiner hervorragenden Infrastruktur als Messestadt punkten. Gasthäuser und Bürgerpalais waren in ausreichender Zahl vorhanden, um die anreisenden Gesandtschaften unterzubringen. Was das bedeutete, konnte jeder ahnen, weshalb sich Aachen damals das Privileg der Königskrönung vorsichtshalber förmlich bestätigen ließ. Dennoch wurden bis 1792 alle weiteren neun Kaiser im Frankfurter Dom gekrönt.

Sieben Kurfürsten, so war es in der Goldenen Bulle festgeschrieben, wählten den König. Mit jeweils bis zu zweihundert berittenen Begleitern trafen sie in der Stadt ein. Schon das war ein Umzug sondersgleichen. Goethe, der das Zeremoniell 1764 als junger Mann beobachtet hatte und später in *Dichtung und Wahrheit* detailliert beschrieb, sparte nicht an Vokabeln wie Getümmel, Gedränge und großem Pomp. Er konnte sich nicht sattsehen an roten, mit Hermelin ausgeschlagenen Fürstenmänteln, an mit Gold bestickten und goldnen Spitzentressen reich besetzten spanischen Kleidern und altertümlich aufgekrempten Hüten, an denen große Federn wehten, urteilte zunächst aber noch mit einiger Lakonie: »Hätte man alle diese öffentlichen Feierlichkeiten von Anfang bis hierher als ein überlegtes Kunstwerk angesehen, so würde man nicht viel daran auszusetzen gefunden haben.« Später gab er sich unverblümt der Begeisterung hin und gestand, dass angesichts all der Pracht selbst »ein vorbereitetes gefaßtes Auge in Verwirrung geriet«. Dabei war der zum römischen König ausgerufene Joseph II. zu diesem Zeitpunkt noch nicht einmal in der Stadt. Dessen Einzug kündigten Tage später Kirchenglocken und Kanonendonner an. Nun brachen Dämme.

Sechzigtausend Schaulustige sollen damals in die Stadt gekommen sein. Damit alle den kaiserlichen Zug bejubeln konnten, schickte man die Dutzenden Kutschen und Karossen, manche von sechs Pferden gezogen, in Umwegen von der Alten Brücke in die Fahrgasse, die Zeil hinunter und erst durch die Katharinenpforte hinein ins Zentrum. Begleitet wurden sie von Hunderten von Würdenträgern und Offizieren, Gardisten und Lakaien. Manche zu Pferde, manche zu Fuß. Am prächtigsten war der kaiserliche Staatswagen, mit Spiegelglas versehen, bemalt, lackiert, verziert mit vergoldetem Schnitzwerk und innen bezogen mit rotem Samt. So groß war das Fahrzeug, dass man die Katharinenpforte eigens erweitert hatte, um genügend Platz zu schaffen. Und aus demselben Grund waren alle Wetterdächer über den Läden entfernt worden.

Im Dom wurde der neue König in einer aufwendigen, seit Generation gleich verlaufenden Prozedur inthronisiert. Es wurde gebetet und der Eid gesprochen, der König bis aufs Hemd entkleidet und gesalbt, anschließend im Konklave mit dem Krönungsornat eingekleidet. Zurück in der Kirche, erhielt er die aus Nürnberg herbeigeschafften Reichsinsignien, das blanke Schwert Karls des Großen, Zepter und Reichsapfel. Anschließend legte man ihm den Krönungsmantel um, und nachdem er niedergekniet war, setzen ihm drei geistliche Kurfürsten gemeinsam die Reichskrone aufs Haupt. Dann erst folgte auf einer im südlichen Querschiff errichteten Bühne die Inthronisation, von wo aus er die Glückwünsche der Kurfürsten entgegennahm.

Der Dom war während dieses Rituals brechend gefüllt, und doch fand es gewissermaßen unter Ausschluss der Öffentlichkeit statt. Erst als Joseph II. aus der Pforte trat, erscholl, wie Goethe schreibt, »ein ungestümes Vivat« aus tausend und abertausend Kehlen, »und gewiss auch aus den Herzen. Denn dieses Fest sollte ja das Pfand eines dauerhaften Friedens werden.« An diesem Fest, dem zweiten Teil der Krönungsfeier, hatten von nun an auch die Frankfurter teil: dem Festessen. Nachdem sich der Kaiser auf dem eigens dafür dem Römer vorgebauten Balkon gezeigt hatte, schlüpften die Kurfürsten symbolisch in die Rolle seiner Diener, und besorgten zu Ross und mit großen Getue erst Futter für die Pferde, dann Speisen und Getränke für ihn selbst. Dazu war ein

Haufen von Hafer auf den Römerberg ausgeschüttet, an einem Spieß briet man einen mit Würsten gefüllten Ochsen, und aus dem Justitiabrunnen flossen Weißwein und Rotwein. All das überließ man anschließend dem Volk, nachdem auch der Erbschatzmeister seine Aufgabe erledigt hatte: Von seinem Pferd aus schüttete er zwei Beutel voller Gold- und Silbermünzen über der Meute aus, dass sie, wie Goethe schreibt, jedes Mal in der Luft als ein metallener Regen gar lustig glänzten.»Tausend Hände zappelten augenblicklich in der Höhe, um die Gaben aufzufangen; kaum aber waren die Münzen niedergefallen, so wühlte die Masse in sich selbst gegen den Boden und rang gewaltig um die Stücke, welche zur Erde mochten gekommen sein.«

Man kann sich leicht vorstellen, zu welch Hauen und Stechen das führte. Die Küche wurde zu Kleinholz geschlagen, der Wein eher verschüttet als getrunken. Es soll im Verlauf dieser Feste mitunter sogar zu Toten gekommen sein. Nicht so jedoch im April 1764.»Alles war, obgleich heftig und gewaltsam, doch glücklich vorübergegangen.«

Dem Krönungsweg selbst kam im Laufe der Zeremonien und Feierlichkeiten kaum Bedeutung zu. Er war nur die notwendige Verbindung für den Tross zwischen Dom und Römer. Mag sein, dass andere Städte das zum Anlass genommen hätten, ihn zu einer Prunkstraße auszubauen. In Frankfurt wäre kein Mensch auf eine solche Idee gekommen. Und ist es auch jetzt nicht.

6

SCHAUERLICHE FRATZEN STATT SCHAULUSTIGER –
Eine krumme Gasse wird zum Krönungsweg

Krönungsweg! Niemand trennt sich ohne Not von einem solchen Namen. Dennoch haben die Häuser entlang der Strecke allesamt die Adresse Markt – plus Hausnummer. Vom Römerberg aus werden sie links von vierzig bis acht zurückgezählt und auf der rechten von siebzehn bis fünf. Nur rund um den Hühnermarkt hat man die historischen Gebäude rekonstruiert, der Rest beschränkt sich auf Nachempfindungen. Was keinen architektonischen Verlust bedeutet. Zwar zeichnen sie sich durch eine gewisse Zurückhaltung aus. Mit Schlichtheit allerdings darf man sie nicht verwechseln. Beherzt griffen die Architekten in den Formenkanon des Mittelalters und übertrugen dessen Muster auf überzeugende Weise in die Ästhetik der Moderne. Teils als spielerische Verweise, teils ganz konkret in Form einer Architektur-Collage, wie beim Haus Zu den drei Römern, in dessen Fassade Marc Jordi und Susanne Keller Reste alten Mauerwerks verbauten.

Zu den drei Römern markiert den westlichen Eingang zur neuen Altstadt, und mit der Vielzahl seiner verschiedenen Elemente kommt es fast einer Ouvertüre gleich. Viele der baulichen Themen, denen man auf dem Areal begegnen wird, sind in dieser Fassade vorweggenommen. Als wolle sie den Spaziergänger einstimmen auf das, was folgt. Und damit auch ja jeder begreift, dass man alles von mehreren Seiten nicht nur betrachten kann, sondern auch sollte, zieht sich golden ein Spruchband um das Gebäude herum, das zu lesen einige Zeit und Mühe kostet, und manchen vielleicht auch mit einem steifen Hals entlässt: »Dorn und Disteln stechen sehr, falsche Zungen noch viel mehr, doch will ich lieber durch Distel und Dorn waten, als mit falschen Zungen sein beladen.« An dieser Stelle wird die leicht holprige Sentenz durch das Bild dreier Weingläser unterbrochen, von deren Form sich der Name des Hauses angeblich ableitet, obwohl ein ironischer Seitenhieb auf das Rathaus viel wahrscheinlicher ist – und die das Lebensmotto so in einen Trinkspruch überführen: »Machte der Neid Brände wie das Feuer, so wär das Holz nicht halb so teuer, und wären der Neider noch so viel, so geschieht doch, was Gott haben will«, setzt der Reim sich fort. Und wer hat ihn gedichtet? Der Schuster Reinhart. So jedenfalls erzählt es Georg Wilhelm Pfeiffer in seiner Geschichte »Der Mann aus dem Römer«, in der das Haus 1720 mit einem kleinen Festschmaus unter Nachbarn eingeweiht und bezogen wird. Der lokalpatriotisch gesonnene Frankfurter aber lässt das nicht gelten und schiebt es Clemens von Brentano in die Tintenfeder.

Bis zum Ende des Kriegs stand an dieser Stelle, der Gabelung der beiden Gassen Markt und Hinter dem Lämmchen, ein mächtiges Bürgerhaus, traufseitig zum Römerberg hin, drei reichverzierte Stockwerke hoch mit jeweils acht Fenstern, und darüber zwei Reihen schiefergedeckter Gauben. Das Haus war ein Koloss. Dennoch erhielt es durch einen zierlichen Sockel und das erst allmähliche Auskragen der Etagen einen fast verspielten Charakter. All diese Elemente weist auch der Neubau auf, obwohl er auf kleinerem Grundstück steht. Der spröde Anbau des Kunstvereins aus den fünfziger Jahren, ein klassischer White Cube, ist sein Nachbar zur Linken und dem ursprünglichen Grundriss im Weg. Abrei-

ßen durfte man ihn nicht, weil das Denkmalamt seine schützende Hand darüber hielt. Von einem harmonischen Beieinander kann an dieser Stelle deshalb die Rede nicht sein. Aber sind Altstädte je homogen? Und war der Anbau nicht von Anbeginn als härtest möglicher Kontrast zum mittelalterlichen Patrizierpalais, dem Steinernen Haus, gedacht? Diese Aufgabe hat er seit mehr als einem halben Menschenleben vorbildlich erfüllt.

Das Problem mit dem Platzmangel lösten Marc Jordi und Susanne Keller auf raffinierte Weise: Sie drehten das Haus Zu den drei Römern kurzerhand um neunzig Grad, lassen den Giebel zum Römerberg schauen und nehmen damit wie nebenher zugleich die Silhouette des Doms im Hintergrund auf. Nun stehen zwei Spitzen nebeneinander, die geradewegs in den Himmel deuten. Über kurz oder lang wird das Paar zum klassischen Fotomotiv der Neuen Altstadt werden. Die stattlichen Überhänge von Stockwerk zu Stockwerk des Hauses haben Jordi und Keller beibehalten. Fürs Erdgeschoss allerdings bedienten sie sich im Trümmergarten eines Sammlers und verbauten für den Eingang drei Sandsteinbögen des »Kleinen Saalhofs«, eines Renaissancegebäudes, das bis zum Krieg in der Saalgasse gestanden hatte, nur einen Steinwurf entfernt. Nicht nur der Ruß vom Stadtbrand 1944 hängt noch im roten Sandstein, sondern auch ein alter Ring, an dem Besucher früher direkt neben der Tür ihr Pferd anbinden konnten. Es müssen stattliche Gäule gewesen sein, denn er hängt überraschend hoch. Was aber den Vorteil hat, dass niemand bei einem Besuch im Café seinen Hund daran anbinden wird.

Vier Konsolsteine mit schauerlichen Fratzen tragen den breiteren ersten Stock. Zumindest einer von ihnen stammt ebenfalls vom Kleinen Saalhof, und einen, den an der nördlichen Ecke, hat Marc Jordi ganz im Stil des Damals entworfen, statt sich selbst ein

Denkmal zu setzen. Fast in der Spitze des Giebels verweisen die Architekten ein zweites Mal auf die Geschichte Alt-Frankfurts: mit einer Säule aus einem erst 1976 abgebrochenen Renaissancegebäude, die damals ein zufällig vorbeispazierender Journalist vom Abfallhaufen der Baustelle auflas und mit nach Hause nahm. Während im Eingang ein Stück Wehmut verbaut wurde, handelt es sich bei dieser Spolie eher um ein Zeichen des Zorns, der sich in Frankfurt immer wieder daran entzündet hat, dass im Laufe der Nachkriegszeit aus Investoreninteresse und Ignoranz mehr Altes zerstört wurde, als in allen Bombennächten zusammen.

Die restlichen Gebäude schauen mit ihren Giebeln zum Krönungsweg. Das scharfe Zickzack ihrer Silhouette erinnert an ein Sägeblatt. Die Fassaden sind teils fein verputzt, teils mit Holz vertäfelt, aber allesamt bunt gestrichen, die Stockwerke kragen vorsichtig aus, die Dächer wurden mit Schiefer gedeckt – und jedes Gebäude hat wieder seinen historischen Namen erhalten: Altes Kaufhaus, Goldene Schachtel, Alter Burggraf, Goldenes Haupt sowie Stadt Mailand. Das weckt hochherrschaftlichere Vorstellungen, als die Gebäude sie erfüllen. Auf den zweiten Blick jedoch erschließen sich Feinheiten, die den typologischen Elementen der Altbauten mit raffinierten Details eigene Akzente entgegensetzen. Ein in den Sockel gefrästes Muster spielt auf die durchlöcherten Leinwände des Künstlers Lucio Fontana an. Schräge, tief in die Wand reichende Fensterlaibungen, verursachen einen Effekt wie die perspektivischen Verschiebungen der Op Art. Ein vertikal über die Fassade verlaufender Knick nimmt Bezug auf den Verlauf der ursprünglichen Gasse. Und eine Fassade schlängelt sich von Stockwerk zu Stockwerk um die Fenster herum in die Höhe und springt mit jedem Knick ein wenig nach vorne, so dass im Wechsel mal links, mal rechts jeweils das äußere Fenster überkragt ist. Da glaubt man hinter dem Schwung den Rhythmus eines Musikstücks wahrzunehmen. Ganz auf Verzierung verzichtet hat hingegen das Architektenteam des Alten Kaufhauses. Selbst die Fenster liegen putzbündig in der Fassade, als habe man mit Legosteinen geplant. Dennoch sticht das schmale Gebäude durch die reduzierte Form und sein kräftiges Rot hervor wie ein Ausrufezeichen. Und sagt doch nicht mehr als: »Seht her, ich bin ein Haus!«

Früher hatte sich in der Häuserreihe eine Gaststätte an die andere angeschlossen: Zur neuen Eule, Zur alten Eule sowie die Binger Weinstube. In den Lokalen trafen sich die Männer schon zum Frühstück. Auf dem Weckmarkt kauften sie ihr Brötchen, am Roten Haus ihre Wurst, dann ging's damit in eines der Bierlokale. »Bindings Bier« kann man auf alten Fotografien über der einen Wirtshaustür lesen, »Frankfurter Bürgerbräu« über einer anderen. »Erzählen Sie die Geschichte heute mal der Aushilfe in der Vinothek, wenn Sie sich mit Wurstbrötchen und einer dicken Portion Senf an die Theke setzen«, fordern manche Stadtführer ihre Gruppen zum Experiment heraus.

Weil die Neue Altstadt kein Amüsierviertel werden sollte, sind in den Häusern nun Läden untergebracht, für Feinkost und Souvenirs, für Höchster Porzellan und Hüte. Ja, Hüte. Über dem Krönungsweg aber schwebt die Terrasse des Schirn Cafés. Knapp drei Meter erhebt sie sich hinter der sandsteinernen Pergola über das Straßenniveau. Wer dort an einem Tisch Platz nimmt, hat nicht nur den Krönungsweg besser im Blick, als es sich die Schaulustigen zur Zeit der Kaiserkrönungen je hätten erträumen lassen. Er erhält auch einen Einblick in die Wohnungen der ersten Etage.

Wer weitergeht, landet am Hühnermarkt, an dem es sich noch besser verweilen lässt. Es gibt Wein. Und Wurst. Und Rippchen. Und Handkäs'. Und was die Frankfurter Küche sonst noch bietet. Nur ein paar Schritte sind es von hier aus noch bis zum Dom. Aber die Versuchung ist groß, darauf zu verzichten. Wer dennoch weitergeht, kommt spätestens an der Tagesbar Anno 1881 ins Grübeln – und kehrt vielleicht dort ein.

7
Einmal Krönungswurst mit Senf –
Einkehr in der Tagesbar Anno 1881

Krönungswurst? So steht es mit Kreide geschrieben auf einer Tafel vor der Tagesbar Anno 1881, direkt um die Ecke vom Hühnermarkt, schräg gegenüber vom Stoltze-Museum. Und mehr als einmal am Tag muss Hendrik Korkuter sich dafür rechtfertigen. »Die Leute denken, wir machten Schabernack«, sagt er. »Aber die Wurst ist echt. Und der Name auch.«

Hendrik Korkuter steht an der Tür vor seinem Lokal, über die Jeans eine rote Schürze gebunden, blinzelt in die Sonne, die den ganzen Tag über auf seine paar Tische im Freien scheint, und zeigt hinüber zum Roten Haus, in das ein Metzger eingezogen ist, geradeso, wie es seit dem Mittelalter war. »Dort«, sagt er, »dort standen sie alle mit ihren Hackklötzern entlang der Schirn und haben Fleisch für ihre Würstchen zerkleinert. Während der Krönungsfeierlichkeiten gab es ein besonderes Rezept, das Richard Heininger in seiner Metzgerei bis heute für seine Krönungswürste benutzt. Von ihm bekommen wir sie.« Kein Geheimtipp übrigens. An Heiligabend verkauft die Metzgerei auf dem Liebfrauenberg davon angeblich zweitausend Stück.

Der Frankfurter liebt Wurst. Auch den Rest des Jahres über. Besonders Rindswurst, die er sich mit Vorliebe bei Gref-Völsings holt. Und Fleischwurst. Dafür ist Frau Schreiber in der Kleinmarkthalle die wichtigste und für viele zugleich einzige Adresse. Was man zu jeder Tageszeit an der langen Schlange vor ihrer Theke

unschwer erkennt – während die Metzger drum herum oft keinen einzigen Kunden haben. Und nun also noch eine Krönungswurst. Man könnte sie originell nennen. Hendrik Korkuter nennt sie original. Gibt dann aber schnell zu, dass sie dem berühmten Frankfurter Würstchen sehr ähnlich sei. Sie ist ein bisschen dicker und ein bisschen gröber, weil das Brät aus der nicht zu fetten Schweineschulter früher ja nur mit dem Hack- und Wiegemesser zerkleinert werden konnte. Und ein wenig kräftiger gewürzt ist sie auch. Neben dem üblichen Weißen Pfeffer, Muskat und Macis sowie ein wenig Kardamom kommt hier noch etwas hinzu, woraus Metzger Heininger sein kleines Geheimnis macht. Der Naturdarm ist immer ein Saitling, also vom Schaf. Geräuchert wird sie stets im Rauch von Buchenholz, anderes ist nicht erlaubt. Und am Ende taucht Hendrik Korkuter seine Würstchen nicht etwa »flüchtig in stark siedendes Wasser«, wie es in einer Anleitung aus dem Jahr 1870 für die Frankfurter Würstchen stand und was schon bei geringstem Ungeschick zum Platzen der Haut führen kann, sondern wärmt sie drei, vier Minuten lang in heißem Gemüsefond. Schmeckt man das alles heraus? Und wie! Wer Frankfurter Würstchen nur aus dem Glas kennt, für den öffnet sich hier eine neue Welt. Gut, dass es zwei gibt. Die Krönungswürstchen hängen als Paar aneinander. Man isst sie nicht im Singular. Man isst sie auch nicht mit Messer und Gabel, weshalb sie Hendrik Korkuter ohne Besteck an den Tisch bringt. Aber mit Brötchen. Und mit sehr viel Senf auf dem Teller. Wie sie hier serviert werden, erinnert nichts an ein schnelles Essen aus der Hand im Gehen oder Stehen. Vielmehr wird die Krönungswurst ein wenig zelebriert.

Von Ernest Hemingway und Marlene Dietrich ist überliefert, dass sie zu Hot Dogs am liebsten Champagner tranken. Hier könnte man Apfelweinsekt dazu bestellen, der so heißt wie das Lokal: Anno 1881. Das ist das Jahr, in dem der Weinküfer Philipp Possmann seine Gaststätte in der Altstadt aufgab und auf einem Gelände in Rödelheim seine Apfelweinkelterei gründete. Nun ist mit Peter Possmann in der fünften Generation das Familienunternehmen in die Altstadt zurückgekehrt. Possmann und Korkuter sind befreundet und haben gemeinsam die Idee für eine Apfelweinschenke entwickelt. Frankfurterischer geht es nicht. Auf der Theke stehen denn auch Bembel in unterschiedlichen Größen, und im Regal stapeln sich die gerippten Gläser, aus denen man den Apfelwein trinkt. Schnell jedoch entwickelte sich das Angebot weiter, und neben der traditionellen frankfurterischen Küche mit Handkäs' und Grüner Soße gibt es unterschiedlichste Spezialitäten aus der Stadt und der Region. Den besten Kaffee der Stadt? Den besten Kuchen? Die besten Weine aus Baden und der Pfalz? Hendrik Korkuter glaubt, diesem Anspruch nahe zu kommen. Seine Lieferanten, die er als seine kulinarischen Partner bezeichnet, haben sich in Frankfurt allesamt einen Namen gemacht. Und dann gibt es noch eine eigene Kreation: einen Cocktail aus Apfelwein, Gin, Honig und Soda, genannt »Neue Altstadt«.

»Eintopf kann ich hundert Mal am Tag verkaufen«, sagt Hendrik Korkuter. Auch der Flammkuchen laufe gut. »Man muss vielseitig sein.« Und so wechselt das Anno 1881 im Laufe des Tages vom Restaurant zum Café und vom Café zur Bar. Nur Frühstück gibt es keines mehr. Das habe nicht geklappt, weil morgens nur Touristengruppen durch die Altstadt zögen. »Immer den Reiseleitern hinterher, ohne Zeit, anzuhalten.« Aber dann muss er sich korrigieren und nimmt die Spanier aus dem Pauschalurteil heraus. Die bleiben stehen, zumindest einen Espresso lang. Tapas gibt es bei ihm auch.

Henrik Korkuter, in Frankfurt geboren und in Sachsenhausen aufgewachsen – »mit Blick auf das Technische Rathaus«, wie er sagt –, ist mit der Gastroszene der Stadt eng verbunden. Und womöglich ist nicht Unentschiedenheit der Grund für die Vielfalt in seinem Lokal. Vielleicht setzt er hier vielmehr all seine Erfahrungen zu einer Art Gastro-Collage zusammen. Seine Karriere begann er im Brückenkeller und setzte sie fort im Städel-Restaurant Holbein's, bevor er im Ostend mit »Das Leben ist schön« seine eigene Gaststätte eröffnete. Lange vorher hatte er im Dorian Gray mitgemacht, dem legendären Club im Keller des Frankfurter Flughafens, im Plastik und im Cocoon, und mit dreiundzwanzig Jahren kümmerte er sich als jüngster Betriebsleiter im Unterhaltungskosmos von Gerd Schüler um die Diskothek im Frankfurter Fernsehturm. Mit Mario Lohninger hat er bei Gelegenheit zusammengearbeitet. Auch mit Sven Väth. Und jetzt läuft im Anno 1881 den ganzen Tag über Loungemusik. Ein Lichtband rund um den offenen ersten Stock strahlt den Raum mal rosa oder violett, mal hellblau oder grün an. Innen steht modern nüchternes Mobiliar aus weißem Kunststoff und schwarzem Holz. »New-York-Loft-Style«, sagt Korkuter. Draußen hingegen sitzt man auf Bierzeltbänken oder steht an Fässer gelehnt. Vielfalt bedeutet nicht immer Sicherheit. Sie ist auch ein Wagnis. Aber hier entwickelt sie einen Charme, der sich wunderbar einfügt in die provozierenden Kontraste alter und neuer Architektur.

Die ersten Stammkunden gebe es schon, erst wenige, sagt Hendrik Korkuter. Aber die Zahl hundert klingt so niedrig nicht. Wenn es regnet, ist er allein in seinem Lokal. Dann sperrt er am frühen Nachmittag die Tür zu. Wenn die Sonne scheint, stehen die Kunden in Grüppchen bis weit über die Nachbarhäuser hinaus beieinander. Ist es warm genug, bis nachts um elf.

Ob es einen Plan gebe, den er verfolge, frage ich ihn, bei solch einer Biographie. Die Antwort kommt prompt: »O ja. Das Anno zu einem Klassiker zu machen.«

8

WENN DER BODEN KNAPP WIRD, GEHT MAN IN DIE LUFT –

Das Rote Haus schwebt über dem Platz

Werktags gibt es die Würstchen nur im Laden, über die Theke gereicht oder durch ein kleines Fenster hinaus auf die Straße. An sonnigen Samstagen aber baut die Metzgerei Dey einen Stand im überdachten Durchgang des Roten Hauses auf, mit einem Grill hinter der Theke und mehreren Tischen davor. Und obwohl die Mannschaft von Steffen Fries arbeitet wie im Akkord, bilden sich lange Schlangen. Dann herrscht Gedränge. Touristen, Hipster und Teenager, Frankfurter Rentner und junge Väter mit ihren Kindern, denen das Tomatenketchup auf die Klamotten tropft. Alle da. Das Gemurmel der Kunden hallt von der Decke zurück. Deutlicher zu verstehen sind die Rufe des Personals. »Zweimal Rinds!« »Für wen waren die Pommes?« »Senf gibt's dort drüben.« Flaschen stoßen aneinander und klingeln. Hin und wieder ploppt der Bügelverschluss einer Bierflasche auf. Einige Passanten drängeln sich durch die Schar und weiter hinein in die Gasse Unter den Tuchgaden, nunmehr nur noch der kurze Durchgang zu den Stufen der Kaiserpfalz und den Kolonnaden der Kunsthalle Schirn.

Selbst an solchen Tagen bedarf es einiger Phantasie, wie eine Folie das Gemälde von Jules Noël über die Szene zu legen, auf dem der französische Landschaftsmaler die Betriebsamkeit an den Verkaufsständen rund um das Rote Haus festhielt. Das Bild, das in der Dauerausstellung des Historischen Museums hängt, stammt aus dem Jahr 1864, einer Zeit, als Elend und Armut erst begannen sich in die Altstadt zu schleichen. Noël romantisiert das Treiben. Zu Hunderten hängen wie als Girlanden gedacht in quetschender Enge die Leiber ausgenommener Tiere an der Wand entlang oder baumeln unter den Dächern der Stände auf dem Platz und protzen als ein Zeichen von esslustiger Lebensfülle. Mägde beim Einkauf, den Korb am Arm, deuten auf das eine oder andere Stück. Männer stehen beieinander und plaudern. Metzger mit blutverschmierten Schürzen hacken auf Fleischbrocken ein oder wirbeln mit langen Messern. Im Vordergrund wühlt ein Hund mit seiner Schnauze in einem Korb voller Gedärme.

Tuchgaden zum Teil, die Lange Schirn auf ihre gesamte Länge waren die Gassen der Metzger gewesen. Schon 1268 wird der erste von ihnen urkundlich erwähnt. Vom Schlachten und Zerlegen bis zum Abdrehen der Würste: Alles fand an Ort und Stelle statt, das meiste davon hinter jeweils drei Meter breiten Verkaufsständen, den überdachten Schirnen. Mehr Platz erhielt keiner der hundertfünfzig Metzger, die hier so dicht an dicht ihre Hackklötze stehen hatten, dass die Lange Schirn im Volksmund auch »Fleischbankstraße« hieß. Zunft- und Ratsvorschriften hatten bestimmt, dass Metzger nur hier ihre Geschäfte machen durften. Erst ein Senatsbeschluss 1859 erlaubte es ihnen, sich überall in der Stadt niederzulassen. Doch selbst 1867 soll der Umzug des Metzgermeisters Marx von der Schirn in die Große Bockenheimer noch als großes Wagnis empfunden worden sein. Als allerdings 1878 die Kleinmarkthalle eröffnet wurde, zogen fast alle von hier fort. Die Gassen begannen zu veröden.

Dass es laut war und dass es stank, das kann man sich leicht vorstellen. Als Victor Hugo 1838 von seiner Rheinreise einen Abstecher nach Frankfurt machte, erlebte er, wie »unerbittliche

Schlachtknechte mit Herodes-Knechtsgesichtern« ein Blutbad unter Spanferkeln anrichteten. »Ein roter Bach, dessen Farbe durch zwei spülende Brunnen kaum gedämpft wird, fließt und raucht inmitten der Straße.«

Es war eng in den Metzgergassen. Die Häuser hinter den Ständen waren oft nicht breiter als die Theken davor. Um Platz zu gewinnen, teilten sich Nachbarn die Zwischenwände der Häuser. Unten wurde der Verkauf eingerichtet, oben gab es pro Stockwerk ein oder zwei Zimmer, das hintere meist ohne Fenster, und ins vordere schien die Sonne auch nicht mehr als ein paar Minuten am Tag. Im Dach eine Mansarde. Das war es schon. Weil die Häuser mit jeder Etage weiter nach vorne auskragten, konnten die Bewohner vom Dachfenster aus dem Nachbarn gegenüber die Hand reichen. Aber zum Idyll wurde die Situation auch dadurch nicht. Zumal sämtliche Fassaden schwarz eingeräuchert waren und sich entsprechend finster über die Gasse beugten.

Umso prächtiger erstrahlt das Rote Haus, das an der Ecke des Hühnermarkts den Eingang zur Gasse Tuchgaden und dem einstigen Metzgerviertel in der Langen Schirn bildet. Es war ein Entree auch im buchstäblichen Sinn. Denn es überdachte die Gasse wie ein Tor. Ursprünglich stand es auf vier Säulen, von denen eine kurios schräg gestanden hat und dadurch ihre eigene kleine Sehenswürdigkeit war. Die Querzüge stützten sich auf den Wänden der Nachbargebäude ab. Diese Häuser hatten also schon gestanden, als man sich Anfang des vierzehnten Jahrhunderts für die eigenwillige Konstruktion entschied. Und vielleicht war die schräge Säule dem Verlauf von Grundstücksgrenzen geschuldet.

Ein Haus ohne Erdgeschoss mit Treppenhaus beim Nachbarn: Bis heute wirkt das Haus seltsam falsch. Aber man begreift nicht auf Anhieb, was daran nicht stimmt. Denn wegen der tief gezogenen Dächer um die offene Halle des Erdgeschosses herum sieht man erst bei genauem Hinsehen, dass es gewissermaßen schwebt. Einen solchen Bau hat es angeblich in der gesamten deutschen Fachwerklandschaft nirgendwo sonst gegeben. Der Frankfurter Maler Carl Theodor Reiffenstein nannte es ein »hohlgestelltes Haus«. Drastischer hatte Victor Hugo die architektonische Kuriosität empfunden und verglich sie mit einem großen, weitaufgerissenen Rachen, der die »ungeheuren Ochsen- und Hammelviertel zu verschlingen scheint«.

Seiner Auffälligkeit wegen war das Rote Haus schon früh ein Anlaufpunkt für Touristen in der Altstadt und Station jeder Tour durch die Gassen. Die Wurst freilich, die man dort auf die Hand verkauft bekam, dürfte ein weiterer Grund gewesen sein. Bei den Plänen für die Rekonstruktion der Altstadt jedenfalls stand es von Anfang an auf der Liste jener Häuser, die möglichst originalgetreu wieder aufgebaut werden sollten. Pläne und Zeichnungen, Gemälde und Fotografien gab es genug. Wie es zu der seltsamen Architektur des Roten Hauses kam, ist allerdings ebenso wenig bekannt wie der Name seines Erbauers. Nur so viel kann man bestimmt sagen: Es wurde vor 1360 gebaut, denn da wird es samt seiner Auffälligkeit in einer Urkunde erwähnt als ein »hus und gesezse genannt daz Rodehus obbir den gewantgadin und den fleisschirnen gelegin« sowie auf »nuhen Suln« – neuen Säulen also, was darauf schließen lässt, dass es das Gebäude zu der Zeit noch nicht allzu lange gab.

Es war in jenen Tagen eng geworden in Frankfurt, so eng, dass 1333 Kaiser Ludwig IV. genehmigte, die Stadt zu erweitern. Geschäftsleute jedoch brauchten ihre Adresse in zentraler Lage, und mit einer immer schwieriger werdenden Verdichtung der Altstadt wurden Bauherrn offensichtlich kreativ. Dass der Besitzer

des Roten Hauses sich bis ins Kleinste mit den Nachbarn abgesprochen haben muss, zeigt sich schon daran, dass er für die Statik seines Hauses auf deren guten Willen angewiesen war. Und vermutlich hatte er auch den Tuchhändlern in der Tuchgaden-Gasse versprechen müssen, den Zugang zu ihren Geschäften nicht zu blockieren.

So ineinander verzahnt, wie die Häuser es waren, ist auch ihre Geschichte, in deren Verlauf die Namen Rotes Haus, Altes Rotes Haus und Neues Rotes Haus durch Anbauten, Umbauten und Erneuerungen mehrmals hin und her wechselten. Dabei bezog sich der Name gar nicht auf die Farbe der Fassade, sondern auf den ersten Bau, das Nachbarhaus in die Gasse hinein, das auf drei Seiten aus rotem Sandstein gemauert war. Später bürgerte sich die Erklärung ein, der Name Rot weise auf das Ochsenblut hin, das dem Kalk der Fassade beigemischt wurde – doch sollte das nur das Trocknen des Putzes verzögern, damit er fester wird.

Das Neue Rote Haus, wie das Eckhaus nun heißt, hat viele Veränderungen erlebt. Ursprünglich mit zwei Stockwerken gebaut, wuchs es Mitte des sechzehnten Jahrhunderts nach oben wie nach *außen*. Zum Platz hin erhielt es einen zwei Etagen hohen Giebel mit Gauben im Dach und einer Schieferverkleidung auch über das Stockwerk darunter. Und Mitte des achtzehnten Jahrhunderts wurden die Fenster vergrößert, was nicht nur dem Stil des Barocks geschuldet war, sondern auch mehr Plätze mit Aussicht auf den Hühnermarkt bot, die während der Feierlichkeiten der Kaiserkrönung teuer an Schaulustige vermietet werden konnten. Das bot sich hier ganz besonders an. Denn traditionell reichten die Metzger vor der Verkaufshalle dem eben erst gekrönten Herrscher im silbernen Pokal einen Schluck Wein.

Heute steht das Neue Rote Haus nur noch auf drei Säulen,

und auch wenn die Holzstützen noch so mächtig aussehen, sind sie bloß Verkleidungen von Stahlträgern in ihrem Innern. Altholz mit dem notwendigen Umfang war nirgendwo aufzutreiben. Stattdessen wählte man deshalb junge Eichen und durchbohrte sie der Länge nach. Die optisch so ansprechenden Querriegel unter der Decke stammen aus uralten elsässischen Weinpressen. Sie geben der Kaufhalle im Erdgeschoss einen eigenen, fast modernistischen Charakter.

Das Rote Haus hat viele Fassaden erlebt. Es gibt einen alten Stich, der es noch in seinem Fachwerkkleid zeigt. Immer aber begreift man auf den Darstellungen augenblicklich seine zentrale Rolle für den Metzgermarkt. Selbst auf Fotografien aus den dreißiger Jahren des zwanzigsten Jahrhunderts hängen über einem Kiosk noch immer Fleisch- oder Mettwürste in Reihe. Darüber das Schild der Metzgerei Heim und der Hinweis, dass das Geschäft seit 375 Jahren in Familienbesitz sei. Was außerdem auf allen Bildern auffällt, einerlei, wann sie entstanden sind, ist die stets geöffnete Klappe unter einer seltsamen kleinen Gaube im geschieferten Vorbau. Die ausladenden Dächer haben die Kunden wie das Angebot vor Wind und Wetter geschützt und sorgen auch heute wieder für eine anheimelnde Atmosphäre in der offenen Halle. Dafür, was es mit der Gaube und ihrer Klappe auf sich hat, hatten die Fremdenführer anfangs unterschiedlichste Erklärungen. Einer erzählte, es handele sich um einen Rauchabzug, weil darunter Wurst geräuchert wurde. Ein anderer sagte, man habe die Klappe bei Sonne geschlossen, um das Fleisch vor der Hitze zu schützen. Aber es macht gar nicht den Eindruck, dass man sie schließen könne, und auf dem Gemälde von Jules Noël hängt an ihrem unteren Ende ein aufgespanntes Tuch, als brauche man den Schatten allenfalls unten, aber nicht oben. Vielleicht sorgte die

Öffnung für einen Luftzug in der Halle, der Fliegen und andere Insekten mit sich nahm? Auch das wurde in die Runde geworfen. Die besten Antworten hat auf seinen Altstadtführungen noch immer Thomas Bäppler-Wolf, Schauspieler, Entertainer und Travestiekünstler und zumindest in Frankfurt als Bäppi weltberühmt. In den Einschnitt, sagt er, würde bei der nächsten Fußballweltmeisterschaft ein Flachbildschirm gestellt, dann gäbe es Public Viewing am Roten Haus. Und als habe ihm auch nur einer in der Gruppe geglaubt, nimmt er es augenblicklich zurück: »Stimmt natürlich nicht! In Wahrheit hat sich Johanna Melber, Goethes Tante, auf eine Leiter gestellt, aus dem Loch herausgeschaut und Gedichte ihres Neffen rezitiert.«

Nur Steffen Fries, der Metzger, der hier an sonnigen Samstagen seinem Grill stehen hat, kannte von Anfang an die Funktion der markanten Klappe. »Ganz einfach«, sagte er mit entwaffnender Schnelligkeit, die keinen Zweifel daran ließ, dass es nur eine Antwort gebe. Dann kramte er ein paar Fotos hervor. »Schauen Sie genau hin«, sagte er, »dann sehen Sie, dass darunter ein Kellerabgang war. Damit es dort nicht hineinregnet, war die Klappe da. Und wenn man sperrige Güter hinunterbringen musste, klappte man sie hoch und sie rastete in dem Pseudofensterrahmen ein.«

Den Keller gibt es nicht mehr. Würde man heute einen Treppenabgang bauen, führte er direkt in die Tiefgarage.

# 9

Ein bisschen Phantasie darf sein –
Die Töpferei Bauer verkauft die Altstadt aus Ton

Bevor Boris Wenzel abends um sieben den Laden schließt, schiebt er einen hundertfünfzig Jahre alten Leiterwagen voller Gartenfiguren von der Straße zurück ins Geschäft. Was heute ein Werbeträger und dekoratives Schmuckstück aus verwittertem Holz mit eiernden Rädern ist, war einmal eines der Fahrzeuge, mit dem die Vertreter der Töpferei Bauer von Lauterbach aus »ihre Scherben«, wie Boris Wenzel sagt, »ins Land hinausgebracht haben«. Damals wird es eher Gebrauchskeramik gewesen sein. Schüsseln, Teller, Krüge, Tassen, was man so braucht im Haushalt. Geschirr eben. »Zeitlos schön«, nennt das Unternehmen solche Produkte heute auf einem Faltblatt, verweist auf seine mehr als vierhundertfünfundzwanzig Jahre alte Tradition und zeigt dazu blaue Töpferware, verziert mit weißen Schlangenlinien und Blumenmustern. Hin und wieder gibt es auch Vögelchen, etwa auf dem großen Krug für Milch oder Obstsaft. Zeitlos ist das nicht unbedingt, aber hundert Jahre wird das Design schon überdauert haben.

Derlei Gebrauchskeramik wird auch in dem kleinen Laden der Töpferei, Hessens ältester und größter, am Rand des Hühnermarkts angeboten. Ein ganzer Tisch ist damit gedeckt. Und am liebsten ließe man sich gleich alles einpacken, damit es auf dem Tisch zu Hause genauso heimelig aussieht wie dort. Aber die wenigsten Kunden kommen der Teller und Tassen wegen. Sie kommen wegen der Häuser. Kleine und große Häuser aus Keramik,

Wohnhäuser vor allem, aber auch Burgen, Kirchen und Kathedralen. Fast alles Bauwerke, die es irgendwo auf der Welt gibt. Also weniges erfunden, wie der Bayerische Friseur-Salon oder der Dornröschen-Turm, in dessen Gemäuer ebenso gut Rapunzel eingesperrt sein könnte. Stattdessen Dokumentiertes von der Märchenburg Schloss Lichtenstein bei Reutlingen bis zu Antoni Gaudis überornamentiertem Wohn- und Geschäftshaus Casa Batlló in Barcelona. Das meiste jedoch sind Fachwerkhäuser. Urdeutsche, spätmittelalterliche Architektur. Siebenhundert verschiedene Modelle hat die Töpferei Bauer in ihrem Sortiment, fünfhundert davon stehen in dem kleinen Laden auf knapp zehn Regalmeter Wand verteilt. Jedes Fach gleicht einem Werbeprospekt für Deutschland als Reiseziel. Dreißig Häuser stammen aus Frankfurt, vier aus der Neuen Altstadt. Die erfolgreichsten Gebäude gibt es auch als dreidimensionales Relief für die Wand. Und in flacher Version als Kühlschrankmagnet.

»Auf den ersten Blick«, sagt Boris Wenzel, »sieht das hier aus wie ein Andenkenladen. Doch die Kunden erhalten bei uns ein Stück Geschichte.« Und noch bevor er ausholen kann, um zu erklären, was genau er damit meint, zieht ein Besucher aus Amerika das Modell der Goldenen Waage aus dem Regal, und Boris Wenzel beginnt einen kleinen Vortrag über den holländischen Glaubensflüchtling Abraham van Hamel zu halten, der das Haus 1616 in der Frankfurter Altstadt errichten ließ. Irgendwann ist die Neugierde des Touristen aus Virginia, der mit seiner Frau auf Europareise ist und in den vergangenen Tagen bereits Straßburg, Freiburg und Heidelberg besucht hat, allerdings aufgebraucht, und dann stellt sich heraus, dass er die Goldene Waage, also das übernächste Haus zur Rechten, keine zehn Meter entfernt, noch gar nicht gesehen hat. Und dann weiß er nicht, ob ihm das peinlich

sein muss oder ob er sich freuen soll, instinktiv das Richtige ausgesucht zu haben. »Oh yes, oh yes, I will look at it«, verspricht er, bezahlt neunundneunzig Euro und verlässt den Laden.

Nach Boris Wenzels Erfahrung, wissen die wenigsten Kunden, welches Haus sie sich ausgesucht haben. Denn es geht ihnen nicht um die Erinnerung an ein bestimmtes Gebäude oder einen bestimmten Ort. Es geht um den Wunsch, etwas Typisches und zugleich Schönes mit nach Hause zu nehmen. Manchmal, aber sehr selten, erkenne jemand das Rathaus, in dem er geheiratet habe – und kaufe das Modell. Ansonsten seien bei der Kaufentscheidung vor allem Optik und Haptik ausschlaggebend. Und Boris Wenzel hofft inständig, dass es den Kunden nicht so ergehe, wie den Urlaubern, die drei Wochen lang in einem Hafenlokal am Mittelmeer jeden Abend bei Sonnenuntergang den gleichen Wein getrunken haben – und am letzten Abend ein paar Flaschen davon kaufen, nur um daheim festzustellen, dass er ohne Sonnenuntergang am Meer irgendwie anders schmeckt.

Zu den am meisten verkauften Modellen jedenfalls, sagt er, gehörten das Mollenhauer-Haus in Fulda und das Rathaus derselben Stadt, die ja nicht gerade ein Ziel der internationalen Touristenströme sei. Aber beides sind herrliche Beispiele für die Fachwerkkunst des frühen sechzehnten Jahrhunderts. Dass es den Kunden bei der Auswahl dennoch nicht allein um Ästhetik zu tun sei, will er bei den Besuchern aus Japan erkannt haben: Sie errechneten innerhalb kürzester Zeit, dass ihnen das Rathaus von Alsfeld bei 19,80 Euro das beste Preise-Leistungs-Verhältnis von Geld zu Fachwerk gebe. Viel Geschichte wollen sie gar nicht hören, schon aus Angst, die Touristengruppe nicht wiederzufinden, aus der sie sich vielleicht ein wenig zu forsch entfernt haben. Panische Kunden? Ja, das passiere mehr als einmal in der Woche.

Manche der Keramikgebäude sind wahre Kunstwerke. Das Unternehmen in Lauterbach wählt die Gebäude aus. Dann werden dort nach Architekturzeichnungen und Fotografien Modelle angefertigt, die Prototypen, und eine Firma in Litauen produziert sie anschließend in Serie. Alles in Handarbeit. Erst kratzt der Modellierer mit der Modelliernadel aus weichen Tonplatten die Details der Fassaden und Dächer heraus. Ist das Haus komplett, wird es von anderen Mitarbeitern der Werkstatt bemalt, glasiert, gebrannt. »Ton«, sagt Boris Wenzel, »ist ein weiches Material. Man braucht keine Kraft, sondern Fingerspitzengefühl.«

Letztlich aber entscheidet der Kunde über das architektonische Angebot der Töpferei Bauer. Was sich verkauft, wird weiterhin produziert. Was in den Regalen verstaubt, wird allmählich aus dem Programm genommen. »Vielleicht«, sagt Boris Wenzel, »ist es an der Zeit, ein Haus aus Sachsenhausen zu modellieren. Jedenfalls kommen viele Sachsenhäuser und fragen nach einem Stück aus ihrem Stadtteil.« Doch mit Experimenten zeigt sich das Unternehmen zurückhaltend. Und obwohl sich die Ostzeile des Römerbergs als mehrteiliges Ensemble gut verkauft, wird es wohl nie den kompletten Hühnermarkt geben; im Gegenteil. So wie es aussieht, ist mit der Beschränkung auf vier Modelle der Neuen Altstadt auch schon die endgültige Entscheidung getroffen. Goldene Waage und Goldenes Lämmchen samt seiner Madonna am Eck, dazu die beiden Nachbauten des Rebstockhofs: Mehr wird es nicht werden. Das ist schade um das Haus Esslinger, in dem Goethes Tante wohnte und von dem aus sie dem Kaiser zugejubelt hat, und um das Haus Zur Flechte direkt daneben, das vielleicht anmutigste Gebäude der gesamten Neuen Altstadt. Das Rote Haus indes, das auffälligste des Areals, kann es schon deshalb nicht geben, weil es kein Erdgeschoss hat und schweben müsste.

Der Goldenen Waage fehlt das Belvederchen, dem Rebstockhof das zweite Tor. Authentizität und Detailgetreue sind nicht die obersten Prioritäten der Töpferei Bauer. Boris Wenzel spricht von »schöpferischen Nachbildungen«, was sehr lustig ist, weil mit dem Terminus bereits die Rekonstruktionen der Neuen Altstadt bezeichnet werden, die sich ja auch nicht haarklein an das Original halten, sondern mit dessen Formen spielen. Bei der Töpferei Bauer allerdings ist der freie Umgang mit den ursprünglichen Gebäuden nicht mit dem Fehlen der originalen Baupläne begründet, sondern mit ökonomischen Erwägungen. Das Gebäude Hof zum Rebstock mit seinen auffälligen Balustraden entlang der oberen Stockwerke habe verkürzt werden müssen, um es in etwa zum gleichen Preis anbieten zu können wie das Nachbargebäude Braubachstraße 21. Einen einheitlichen Maßstab gibt es in der Kollektion der Töpferei Bauer trotzdem nicht. Der Frankfurter Dom etwa ist nur unwesentlich höher als die Paulskirche. »Wir bauen Stücke«, erklärt das Boris Wenzel, »keine Städte.«

Boris Wenzel, fünfundfünfzig Jahre alt, ist Darmstädter. Aber seit langem wohnt er in Frankfurt und engagiert sich in der Stadt. Während die Altstadt errichtet wurde, hat er ein Projekt »Loch im Bauzaun« angeregt, von dem man sich wünscht, dass es im Rathaus auf offene Ohren gestoßen wäre. Denn es war nicht leicht, über die Holzzäune hinweg den Baufortschritt zu verfolgen. Und obwohl niemand auf seinen Vorschlag eingegangen ist, nennt er die Neue Altstadt das Allerschönste, was die Stadt Frankfurt je fertiggebracht hat. Später hat er den Garten am Danziger Platz mit angelegt, anfangs eine Art Guerilla-Unternehmen, um den hässlichsten Platz des Ostends direkt gegenüber dem Ostbahnhof und einen der hässlichsten der ganzen Stadt einigermaßen erträglich zu machen. Dass nun in dem Laden der Töpferei Bauer ausgerechnet die Gartenkeramik einen nicht geringen Teil des Umsatzes ausmacht, entbehrt deshalb nicht einer gewissen Ironie. Das sind Vogelscheuchen und Hühner auf Stäben, Raupen, Wichtel und Schlangen, und Boris Wenzel glaubt im Erfolg dieser Figuren ein Erbe des Keltischen zu erkennen: nämlich im Versuch, die Geister der Welt, die man überall zu spüren glaubt, in Figuren zu bannen, die man zwischen Bäumen und Beeten verteilt. Sein eigenes Erbe ist handfester: Von der Oma hat er gelernt, wie man in den salzgebrannten Töpfen aus dem Kannebecker Land saures Gemüse einwecken kann, indem man den Topf mit einem in Bienenwachs getränkten Leinentuch abdichtet. Auch diese Dippe gibt es in dem kleinen Laden, dazu Bembel, aus denen in Frankfurt der Apfelwein ausgeschenkt wird, weshalb sie das Erinnerungsstück Nummer eins jedes Frankfurtbesuchers sein sollten. Im Lokal gegenüber, dem Anno 1881, gehören sie zur Grundausstattung.

10

UNTEN DIE WARE, OBEN DER MENSCH –
Die Messehöfe Zum Rebstock und Goldenes Lämmchen

Jeden Sonntagnachmittag gibt es Tanztee im Seniorentreff. Dann sitzt ein Musiker wie Charlie Brown hinter seiner elektrischen Orgel, lässt die Rhythmusmaschine wummern und singt sich in einem seiner Medleys nahtlos von *O Sole Mio* in das Lied *La Paloma*. Zwei, drei Paare schieben sich zur Musik durch den freien Raum. An der Wand hängen im großen Format historische Aufnahmen der Frankfurter Altstadt, braun getont, aber die hellen Kunststoffmöbel lassen keinen Zweifel daran aufkommen, in welcher Epoche wir uns befinden. Und auch das nächste Set von Liedern nicht. Erst Roland Kaiser, dann Florian Silbereisen. Jetzt drängt ein ganzes Damenkränzchen auf die Tanzfläche, schwenkt die Arme, klatscht in die Hände und fällt ein in den Refrain »Du schaffst es schon«, dass es eine Freude ist, zuzuschauen. Nur später, beim Twist, sind sie allesamt noch ausgelassener.

Es ist ein fröhliches Völkchen. Ein paar mehr Frauen als Männer. Die Frauen dem Anlass gemäß ein wenig frech gekleidet. Violette Blusen, goldene Jäckchen, oranger Rock. Auch die älteren Damen auffallend bunt. Marc Stabernack vom Juweliergeschäft Friedrich am Hühnermarkt direkt um die Ecke hätte vermutlich seine Freude an diesem Mut zu kräftigen Farben. Rentner-Disco, geht es mir durch den Kopf. Und dass es ein wenig zu hell im Raum ist. Eine der Damen hat ein Stirnband um den Kopf gewickelt. Wie Olivia Newton John. Damals. In dem Film *Xanadu*.

Neben den Fenstern hängen schwere Vorhänge von der Decke bis auf den Boden herunter. Vermutlich sollen sie eine gewisse Vornehmheit vortäuschen, doch sie erreichen nur das Niveau von Gediegenheit. Aber reicht das nicht aus? Auf der Garderobe steht ein Engelchen mit Posaune. Auf den Tischen flackern Kerzen in kleinen Gläsern, und in kleinen Vasen stecken künstliche Orchideen. Auf den Tellern liegt Obstkuchen, und in Gläsern daneben perlt der Sekt. Den Pfefferminzeistee, der im Sonderangebot nur zwei Euro kostet, hat niemand bestellt. Die Betonung liegt an diesem Sonntagnachmittag auf Tanz und nicht auf Tee.

Nun spielt Charlie Brown einen Cha-Cha-Cha, dann eine Rumba. Beides instrumental. Beim zweiten Stück zählt er die Schritte mit. Einige der Damen schweben jetzt wie beseelt durch den Raum. Dann steht Charlie Brown auf. Er trägt Jeans und ein weißes Hemd, dessen Ärmel aufgerollt sind. Das Haar ist voll und silbern. Der Schnurrbart auch. Das Gesicht so braun gebrannt, als habe er gestern noch auf einer kanarischen Insel in der Sonne gelegen. Vielleicht daher sein Name. »Platz nehmen, duschen, gleich geht's weiter«, spricht Charlie Brown ins Mikrofon. Und alle gehen zu ihren Tischen mit dem Obstkuchen und dem Sekt.

Man musste den Rebstock nicht wieder aufbauen, damit Rentner wissen, wo in Frankfurt sie sich treffen können, wenn sie Obstkuchen essen möchten, Sekt trinken und ausgelassen tanzen. Aber es ist schön zu sehen, dass sich die Verwalter der Neuen Altstadt auch darüber Gedanken gemacht haben. Mit dem Seniorenpass erhält man sogar eine Ermäßigung auf das Angebot der Speisen- und Getränkekarte. Die ganze Anlage des Rebstockhofs hat das St. Katharinen- und Weißfrauenstift gemietet und darin seinen Verwaltungssitz eingerichtet. Café und Clubräume im Erdgeschoss sind nur die Pralinen. Aber was hätte sich mehr angeboten, für die großen Räume? Ursprünglich waren es die Lagerhallen eines der ältesten und größten Messehöfe in Frankfurt. Wann genau der Hof zum Rebstock entstand, lässt sich nicht mehr feststellen. Frühestens Anfang, sicher aber im Verlauf des dreizehnten Jahrhunderts. Auch über die Herkunft des Namens ist nichts bekannt. Hertwig von Rebstock, mit dem zu Beginn des vierzehnten Jahrhunderts ein erster Eigentümer urkundlich nachgewiesen werden kann, hat sich und seine Familie nach dem Hof benannt, auf einer noch früheren Urkunde heißt er in anderem Zusammenhang bereits »Hertwinus dictus de Rebenstoc«. Er war Ratsherr und Schöffe gewesen und vermutlich nicht ohne Bedeutung im sich erst entwickelnden Stadtregiment. Schon die Zahl von fast einem Dutzend Gebäuden um den eigentümlich verwinkelten Hof mit einer Länge von mehr als fünfzig Metern und einer Breite von bis zu achtzehn Metern lässt auf Einfluss und Reichtum schließen. Aber gleich mit ihm starb das Geschlecht im Mannesstamm aus, und auch die folgenden Besitzer, die sich wiederum nach dem Hof benannten, konnten den Rebstockhof nur wenige Generationen lang halten. So kam er zunächst in den Besitz einiger prominenter Patrizierfamilien, darunter die Lersners, später einer größeren Erbengemeinschaft, und noch später erwarben Privatpersonen allmählich die einzelnen Häuser. Damit einher ging ein permanenter Umbau der Gebäude von spätgotischen Spitzbögen und Formen der Renaissance über Neubauten zur Zeit des Barocks und des Rokoko bis zu klassizistischen Überformungen bei einigen Gebäuden. Die Häuser wurden bemalt oder mit Skulpturen verziert, die mal tragende Funktion hatten, mal reine Dekoration gewesen sind. Aber der Typus des Hauses blieb stets gleich: mit den großen Hallen im Parterre, aus Sandstein errichtet, und den Wohnungen hinter Fachwerk obenauf. Dazu ein Treppenturm im Eck, wiederum aus Stein gemauert, um im Falle eines Brandes das Haus sicher verlassen zu können. Auch die anderen Handelshäuser und Messehöfe folgten dem Prinzip. Selbst im Römer, der später das Rathaus der Stadt wurde, findet man bis heute die großen Verkaufsgewölbe im Erdgeschoss.

Die spätbarocken Fassaden des Rebstockhofs, von denen nun zwei rekonstruiert worden sind, entstanden Mitte des achtzehnten Jahrhunderts, während der letzten Blütezeit des Hofs. Dabei war schon damals das wirtschaftliche und gesellschaftliche Leben in die großen Straßen der Neustadt umgezogen, etwa in die Zeil, und wie die restliche Altstadt verlor auch der Rebstockhof im Laufe des neunzehnten Jahrhunderts an Bedeutung und Anziehungskraft. Die Hoffnung, dem Verfall mit dem Durchbruch der Braubachstraße entgegenwirken zu können, erfüllte sich nicht.

Als von 1904 an mehr als hundert Häuser für die neue Wegeführung abgerissen wurden, büßte der Rebstockhof einen großen Teil seines Grundstücks ein, außerdem die meisten seiner Gebäude. Im Norden wurde er kurzerhand gekappt, wodurch zur Baubachstraße die alte Brandmauer zu Tage trat, errichtet auf der karolingisch-ottonischen Stadtmauer. Der östliche Riegel wurde komplett abgerissen, darunter das Gasthaus Zum Rebstock, in dem Friedrich Stoltze 1816 zur Welt gekommen ist. Heute erinnert nur eine Plakette daran. Am Ende standen noch drei Häuser, von einem Hof konnte keine Rede mehr sein. Glaubt man Fried Lübbecke, dem damaligen Vorsitzenden des »Bundes tätiger Altstadtfreunde«, der sich für eine Sanierung der Altstadt starkmachte, war ein »wüster, schmutziger Winkel mitten in der Stadt« entstanden. Ansichtskarten können das nicht bestätigen. Nur die

Brandmauer in der Braubachstraße gab das Bild einer Ruine ab. Die beiden schönsten Gebäude des Rebstockhofs hingegen präsentierten sich recht ansehnlich zur ebenfalls neu entstandenen Domstraße hin. Auf Fotografien der Zeit lässt sich über den ehemaligen Lagerhallen, dort, wo nur wenige Jahre zuvor noch für »Sauerkraut, Bohnen & Gurken« geworben wurde, der Schriftzug »Kunst- und Auktionshaus Merkur« entziffern. Erst 1925 kam man auf die Idee, den freigewordenen, großen Platz vor den Häusern für einen Gemüsemarkt zu nutzen. Und es wurden zwei Bäumchen gepflanzt, von denen einer vielleicht die mächtige Platane ist, die heute den Hof überragt. Im Jahr 1927 war die Zeit des Markts allerdings durch den Bau des Hauptzollamts schon wieder abgelaufen. Dafür hatte man das Raumgefühl des Hofs zurückgeholt. Das Zollamt schließt bis heute das Gelände ab. Der romantisch-nostalgische Eindruck allerdings, den Holzkarren, Fässer und das schiefgetretene Kopfsteinpflaster auf den alten Ansichten vermitteln, mag sich nicht einstellen.

Überhaupt: Den Trubel, der zu Hochzeiten im Rebstockhof geherrscht haben muss, kann man sich heute kaum vorstellen. Seine ganze Architektur war ja auf Geschäfte und Geschäftigkeit ausgerichtet. Zwei Messen im Jahr genügten, selbst große Gebäude auszulasten und ihre Besitzer vermögend zu machen. Überall in der Stadt entstanden deshalb Messehöfe. So viele Handelszüge kamen aus ganz Deutschland, dass zahlreiche Händler die Zimmer und Ställe für sich und die Tiere sowie die Hallen, in denen sie ihre Waren für den Verkauf stapelten und bisweilen auch bis zur kommenden Messe lagerten, gleich auf Jahrzehnte hinaus mieteten oder zumindest im Voraus reservierten. Es ist also kein Zufall, wenn Besucher mit einer gewissen Verlegenheit andeuten, dass sie das lange Gebäude des Rebstockhofs mit den großen Toren unten und den langen Fensterreihen oben hinter den herrlichen Holzgalerien in seiner Struktur an ein Motel erinnere. Die Funktion war eine sehr ähnliche.

Seine Lage hatte Frankfurt schon früh zu einem Verkehrsknotenpunkt gemacht. Außerdem spielte die Stadt in der Reichslandpolitik der Staufer eine bedeutende Rolle. Als »Oppidum«, also Stadt mit Markt, wurde Frankfurt bereits 1140 bezeichnet. Verkauft wurden vor allem die Überschüsse der Landwirtschaft und Winzer, aber auch Wolle, Holz und Wachs. Ernst wurde es 1240, als eine Delegation von Frankfurter Kaufleuten und Ratsherren die lange Reise nach Ascoli Picenum antrat, dem heutigen Ascoli in der italienischen Region Marken. Kaiser Friedrich II. hatte dort sein Feldlager aufgeschlagen, und die Frankfurter Gesandtschaft handelte mit ihm das Recht des freien Geleits aus. Konkret bedeutete das den Schutz des kaiserlichen Heeres für alle Kaufleute auf dem Weg in die Freie Reichsstadt. Die Gefahr von Überfällen wurde dadurch erheblich reduziert, und die Zahl der anreisenden Kaufleute stieg rasant. Was die Frankfurter im Gegenzug für die am 11. Juli 1240 beurkundete Vereinbarung bezahlten oder leisten mussten, ist nicht überliefert. Wenig wird es nicht gewesen sein. Im Jahr 1330 wurde von Kaiser Ludwig IV. aus dem Hause Wittelsbach eine zweite jährliche Verkaufsmesse genehmigt, die zwei Wochen dauernde Frühjahrsmesse. Für das Jahr 1361 sind hundertsiebzehn Häuser aufgelistet, in denen Waren ausgelegt waren, und bei Ausbruch des Dreißigjährigen Kriegs 1618 zählte man sechshundert Messegewölbe und vierhundertsechzig Verkaufsbuden, hinzu kamen wohl tausend Tische, Kisten, Bänke und Karren voller Ware. Muster, nach denen bestellt werden konnte, gab es noch nicht. Im Jahr 1485 kam eine Buchmesse hinzu. Und im Lauf der Zeit war zum Warenhandel der

Geldhandel gekommen, weshalb Martin Luther, der im April 1521 auf seinem Weg nach Worms einige Tage in der Stadt verbracht hatte, Frankfurt als »das Gold- und Silberloch des Reiches« bezeichnete.

Frankfurt zählte damals knapp zwanzigtausend Einwohner, und bisweilen sollen während der Messe doppelt so viele Gäste in der Stadt gewesen sein. Manche Historiker halten die Zahl für übertrieben und gehen von nur vier- bis fünftausend aus. In jedem Fall aber herrschte Platznot. Und es lohnte sich für die Frankfurter, anzubauen und aufzustocken, dabei das Haus mit jeder Etage ein wenig mehr auskragen zu lassen. Jeder freie Fleck wurde mit Quer- und Hinterhäusern zugebaut, in die Dachstühle wurden riesige, mehrstöckige Zwerchhäuser gesetzt. Manche Messehöfe glichen eigenen kleinen Städten innerhalb der Stadt, rundum verschlossen und nur durch ein oder zwei Tore zugänglich, gerade groß genug für die meterhoch beladenen Wagen der Händler.

Ein Stich aus dem Jahr 1696 schaut aus der Vogelperspektive auf den Römerberg und zeigt auf dem Platz zwischen Nikolaikirche und Rathaus knapp drei Dutzend Buden und Verkaufsstände, dazwischen einige Händler und Käufer, sogar eine Kutsche, aber von Gewimmel ist nichts zu spüren. Fast hat man den Eindruck, es herrschte Flaute. In Wahrheit wird es ein rechtes Gedränge gewesen sein. Und ganz so aufgeräumt und frisch gekehrt, wie es auf dem Bild aussieht, war es bestimmt auch nicht. Es hatte lange gedauert, bei den Bürgern durchzusetzen, dass Nachttöpfe nicht aus den Fenstern geleert wurden und die Straßen, bei denen es sich überwiegend um festgetretene Erde handelte, die bei jedem Regenschauer aufweichte, von Kehricht und Mist freizuhalten. Erst im siebzehnten Jahrhundert war der öffentliche Raum nahezu durchgehend kopfsteingepflastert. Öffentliches Grün gab es nicht. Und obwohl die Schweinhaltung in der Altstadt schon 1481 mit Verweis auf die Bedeutung der Messe und ihrer Gäste verboten wurde, standen die Tiere auch hundertfünfzig Jahre später noch angebunden vor den Türen oder suhlten sich auf dem Hof vor dem Dom.

Es kamen zu den Messen nicht nur Käufer und Verkäufer, es kamen auch Musikanten, Gaukler und Schauspieler zu Hunderten in die Stadt, und man muss nur an die Geschichten von Till Eulenspiegel denken, um ein Gefühl für die Umtriebe während der beiden Messewochen zu erhalten. Im Hof des Goldenen Lämmchens, das nun ebenfalls rekonstruiert worden ist, soll sogar eine englische Theatertruppe Stücke von Shakespeare aufgeführt haben. Die Zuschauer verfolgten das Spiel von den offenen Holzgalerien aus.

Auch die Geschichte des Goldenen Lämmchens reicht weit zurück, erstmals erwähnt wird es 1354. Es war Patrizierhaus und Messehof zugleich und wurde im fünfzehnten Jahrhundert Sitz eines der bedeutendsten Handelshäuser der Zeit mit Verbindungen bis Antwerpen und Venedig. Es war durchaus üblich, dass in derlei Häusern die Abgesandten der Fürstenhäuser für die Dauer der Kaiserkrönung und ihrer Vorbereitungen wohnten – und im Nachbarhaus, dem nun ebenfalls rekonstruierten Klein Nürnberg, hatten 1486 Kaiser Friedrich III. und 1527 Kaiser Maximilian selbst Quartier genommen.

Das Erdgeschoss mit Arkaden diente als Verkaufshalle, in den oberen Stockwerken wohnte die Familie. So galt es für die beiden Nachbarhäuser, und ursprünglich teilten sie sich den Hof hinter dem Haus. Vielleicht waren es sogar zwei Höfe in Reihe. Das lässt sich wegen zahlreicher Anbauten und Überbauungen bis ins beginnende zwanzigstes Jahrhundert hinein nicht mehr restlos klären. Umso aufregender ist jetzt das In- und Übereinander der Gebäude im rückwärtigen Teil: ein Seitenflügel, ebenfalls mit Arkaden im Erdgeschoss, aber hölzernen Laubengängen darüber und drei kleinen Gauben im Dach, das sich in der optisch verkürzten Wahrnehmung vom Hof aus mit den Dächern drum herum zu einer wahren Kasakade von geschieferten Gauben mit Schweif- und Spitzgiebeln samt Zwerchhaus und Treppenturm vereint. Zur Zeit des Jugendstils wurde noch einmal angebaut, ein erster Stock, der auf einer Säule mit ionischem Kapitell und zwei halbnackten, lebensgroßen Jugendstilfiguren aufliegt: Karyatide und Atlant. Und um die Ecke herum wendet sich nun eine Feuerleiter aus Edelstahl in die Höhe. So reicht der Stilmix vom Barock bis in unsere Tage.

Schon gegen Mitte des neunzehnten Jahrhunderts galt die Gasse Hinter dem Lämmchen samt ihrer Messehöfe als Touristenattraktion. Halb war dies der romantische Teil der Stadt, halb ergötzte man sich an dunklen Gassen und gotisch-schauerlicher Architektur. Sicher aber hatte auch das geheimnisvolle Lächeln der Lämmchen-Madonna zur Popularität gerade dieser Straße beigetragen. Um 1500 von einem unbekannten Frankfurter Meister geschnitzt, stand die Figur seit 1750 unter einem Baldachin am Eck des Hauses. Das Original, nahezu aller Farbe entledigt, kam 1911 ins Historische Museum und wurde durch eine Kopie ersetzt, die beim Bombenangriff 1944 mit den umliegenden Häusern zerstört wurde. Nun gibt es eine neue Kopie, deren Farbgebung durch zahlreiche Untersuchungen der alten Marienfigur belegt zu sein scheint: golden die Krone und der vielfach gefaltete Umhang mit dem preußischblauen Futter, darunter brokatverziert ein Gewand in kräftigem Rot. Das Jesuskind im Arm der Mutter hält stolz die Weltkugel in der Hand und zappelt frech mit dem Füßchen. Doch am Ende landet der Blick stets wieder beim beseelten Lächeln Marias, das zwischen dem Gottessohn und den Fußgängern auf der Straße hin- und herzuwandern scheint.

Als im Juni 1856 der Maler und Frankfurt-Forscher Carl Theodor Reiffenstein den Hinterhof aquarellierte, nannte er das Gebäude ein »noch ganz vollkommen erhaltenes Exemplar eines Hauses aus dem Ende des siebzehnten Jahrhunderts«. Nichts war zu ahnen von den Anbauten und Umbauten, die eine Generation später erfolgen sollten. So zeigt er den Hof in seinem Bild noch groß und leer und aufgeräumt, und er spricht von »einem gar traulichen Eindruck, wie denn überhaupt die ganz Lokalität ein Bild des Friedens darstellt, was namentlich an Sonntagnachmittagen, wenn das Tor geschlossen ist, sich am vollkommensten ausprägt«. Aber vielleicht hatte der vermeintliche Frieden auch einen anderen Grund. Als die Händler der Messe mehr und mehr nach Leipzig abwanderten, verwaisten in Frankfurt viele der großen Hallen in den Untergeschossen der Häuser, und die Größe der Messehöfe stand in keinem Verhältnis mehr zu ihrem Nutzen.

Heute ist der Hof des Goldenen Lämmchens eine von vier Passagen zwischen Braubachstraße und Neuer Altstadt. Lauscht eine Besuchergruppe den Ausführungen des Stadtführers, wird es schon eng. Welche Erfahrungen die Anwohner mit dem Fußgängerverkehr gemacht haben, zeigen die gespannten Ketten vor allen offen liegenden Treppenaufgängen.

Ungleich mehr Platz bietet der Hof zum Rebstock mit Zugängen von drei Seiten, groß genug, um dort Sportturniere auszutragen. Aber vielleicht genügte es schon, Charlie Brown an warmen Tagen vor die Tür zu setzen und im Freien spielen zu lassen. Auch abends. Und auch unter der Woche. In der Beschreibung eines Spaziergangs durch die Altstadt fasste der Feuilletonist und Redakteur der *Frankfurter Zeitung* Rudolf Geck schon 1926 seine Eindrücke am Ende fast stakkatohaft zusammen: »Zum Bobbeschänkelche. Römerhöfchen. Steinernes Haus. Hühnermarkt. Grammophonplärren rechts und links.« Na also. Geht doch.

11

GRÜSSE AUS DER VERGANGENHEIT –
Suchspiel mit Zierrat und Spolien

Mir gefällt von den vielen Figuren, von all den Menschen und Tieren und Fabelwesen, die als Verzierungen die Fassaden der Neuen Altstadt dekorieren oder als Konsole und Karyatide die folgenden Stockwerke auf ihren Schultern tragen, der kleine Mann am besten, der an der fast höchsten Stelle des Hauses Würzgarten die auskragende Spitze des Giebels auf seinem Kopf balanciert. Ohne Fernglas ist er vom Krönungsweg aus kaum zu erkennen. So klein ist er. Er hat die Beine eines Hammels und die Frisur eines Rock'n'Rollers aus den fünfziger Jahren. Das Haar scheint mit Pomade nach vorne gekämmt und bildet ein schmales, langes Dach über dem Gesicht. Seinen weißen, fetten Hammelpo drückt er nach hinten, den schmalen Oberkörper im blauen Pullover hingegen lehnt er weit nach vorne. Im Ansatz wiegt er sich schon in den Hüften, und er schnippt mit den Fingern, als wollte er gleich zu tanzen beginnen, wüsste er nicht genau, dass ohne ihn das Dach einstürzte. Holzknagge nennt man eine solche Figur, und was sie hier trägt, ist nicht einfach ein herausstehender Balken des Dachstuhls, sondern in seiner besonderen Form eine sogenannte »Frankfurter Nase«.

Wer Kindern in der Neuen Altstadt die Langeweile angesichts all der Architektur austreiben will, der schickt sie los, dieses Männchen zu suchen. Oder das Lämmchen aus glänzendem Gold. Oder die beiden Eckatlanten aus rotem Sandstein, deren verkrampfte Gesichter keinen Zweifel daran lassen, dass ihnen die Last des ersten Stocks zu viel geworden ist. Dabei trug der Titan Atlas aus der griechischen Mythologie doch einst das Gewicht des gesamten Himmelsgewölbes, während es sich hier nur um jeweils ein Haus handelt: Alter Burggraf und Goldene Waage.

Lange bevor die Kinder die gestellte Aufgabe lösen, haben sie unterwegs Heerscharen anderer Wesen in die Augen geschaut. Wo gibt es das noch in unseren Städten voller steriler Mietsblöcke und karger Kästen mit ihrer seelischen wie ästhetischen Leere, dass ein ganzes Viertel bevölkert ist von Teufelchen und Engeln, von Fratzen, Dämonen und einer zarten, heilig verträumten Muttergottes mit dem Christuskind im Arm, vor der man junge Teenager bereits hat sagen hören: »Nein, nein. Das ist nicht Madonna, da bringt ihr etwas durcheinander.« Da spätestens begreift man, dass je mehr Neues entsteht, desto wichtiger diese Abgesandten einer vergangenen Welt werden.

Es sind in einem nicht zu unterschätzendem Maß ebendiese Zierteile, aus denen die Neue Altstadt ihren Zauber gewinnt. Denn es verbirgt sich dahinter ja nicht nur die Freude des einstigen Bauherrn am Detail oder seine Sorgfalt dem eigenen Haus gegenüber, sondern vor allem eine Freude am Erzählen. Geradeso, wie jedes Haus seinen eigenen Namen hat, hat auch jede dieser Figuren ihre eigene Geschichte. Und selbst wenn nicht alle so leicht zu übersetzen sind wie die ins Holz der Goldenen Waage geschnitzten alttestamentarischen Szenen, die so bunt bemalt sind, wie die Bilder in einem Comic, so berichten sie doch alle von Träumen, Wünschen und Hoffnungen, denen man sich gerne ausliefert, weil sie am Ende ein Gefühl von Geborgenheit, auch Zugehörigkeit vermitteln. Das hat nichts zu tun mit vorgeschriebener Kunst am Bau nach einem Leitfaden für das Bundesbauwesen,

das ist Lebenskunst. Und säße nicht Friedrich Stoltze gar so herausfordernd prächtig und mächtig und keinen Widerspruch duldend auf seiner Brunnensäule auf dem Hühnermarkt, wer weiß, ob nicht stattdessen der Apfelweintrinker, der sich am Eingang der Neugasse an seinen mit »Göttertroppe« gefüllten Bembel klammert, oder der mannshohe Winzer am Hof zum Rebstock zu Treffpunkten geworden wären für jene, die sich in der Neuen Altstadt verabredet haben. Diese Figuren laden nicht nur dazu ein, ihr Leben auszuschmücken. Sie fordern auch dazu auf, persönliche Erinnerungen zu schaffen. »Weißt du noch, damals, als wir zum ersten Mal unter den beiden Schalen der Goldenen Waage, na, du weißt schon ...« Beneidenswert, wer so etwas später einmal sagen kann.

Nicht erst die Sorgfaltspflicht der Architekten während der Arbeit an den schöpferischen Nachbauten sorgte für die Rückkehr dieses im buchstäblichen Sinn phantastischen Völkchens. Vielmehr tauchte schon in ganz frühen Plänen zur Neuen Altstadt die Idee auf, einzubringen, was die brachiale Enttrümmerung des Römerbergs um das Jahr 1950 mehr zufällig, denn mit weitblickender Absicht überlebt hat. Knapp zweihundert Altstadt-Spolien waren in städtischen Lagern und dem Magazin des Historischen Museums aufbewahrt worden, ein Kunstschatz, der nun wieder ins Freie drängte. Eine solche Gelegenheit, sie an vernünftiger, womöglich sogar ursprünglicher Stelle unterzubringen, würde sich vermutlich nie wieder ergeben. Und wer je gesehen hat, wie lächerlich Karyatiden aussehen, die das Nichts stemmen, hat begriffen, dass Bauschmuck in Museumsvitrinen nichts verloren hat. Je mehr über Spolien berichtet wurde, desto mehr Privatpersonen meldeten sich mit dem Angebot, zu dem Fundus beitragen zu können. Denn die Stadt hatte nach dem Krieg die Trümmerreste zum Kilopreis verkauft. Oder Zentnerpreis. Man musste nur einen Weg finden, die Steine abzutransportieren. Schon in der Antike wurden Spolien verbaut. Von der Akropolis über das Forum Romanum bis zu Villen in Pompeji ist die Wiederverwendung alter Bauteile belegt. Ob nun an bestehende Mauern angebaut wurde oder man alte Säulen wie Ornamente in Nischen stellte. Auch im Dom von Magdeburg stehen Säulen ohne statische Funktion. Sie sind Mitbringsel Kaiser Ottos I. aus Rom. Und in den Dom von Aachen hatte Karl der Große antike Säulen aus Rom und Ravenna stellen lassen. Vielleicht um die Kontinuität des Imperiums hervorzuheben. Sicher auch als ein Zeichen der Macht.

Der Begriff Spolie leitet sich ab vom Lateinischen »spolium«, was so viel bedeutet wie Beute, Raum oder dem Feind Abgenommenes. Auch diese Rückübersetzung bietet sich als Lockmittel bei einem Spaziergang mit Kindern durch das Viertel an. Dutzende Spolien wurden beim Bau der fünfunddreißig Häuser in Fassaden gesetzt oder unter Dächer geklemmt, das meiste aus rotem Sandstein und vieles so markant inszeniert, als habe es die Funktion eines Störelements. Die reich verzierte Kämpferplatte aus dem ehemaligen Kleinen Saalhof etwa, die früher über einem Fenster die Last der Wand getragen hat, sitzt nun wie ein Gedankenstrich frei in der glatten Fassade. Anderes ist so perfekt eingepasst, dass man zweimal hinschauen muss, um zu begreifen, wo die Grenze zwischen Original und Rekonstruktion verläuft.

Es war Alois Riegl, der in seiner Abhandlung *Der moderne Denkmalkultus* neben dem Alters- und Erinnerungswert den Begriff des Gemütswertes benutzte, ohne dabei an Kitsch oder Gefühlsduselei zu denken. Erschienen ist das Buch 1903, als der Historismus im Niedergang war und man in Frankfurt beschlossen hatte, für den Bau der Braubachstraße hundert Häuser der Altstadt niederzulegen. Aber noch schwelgten die Fassaden der Neubauten im Ornament und manches vom Abriss Gerettete wurde an Ort und Stelle gleich wieder verbaut. Erst mit der klassischen Moderne und mehr noch beim Wiederaufbau nach dem Krieg kappte man nicht nur in Frankfurt, aber dort mit ganz besonderem Eifer und politischer Überzeugung, die meisten Verbindungen zur Vergangenheit. Auch deshalb hatte auf dem Römerberg das betonbrutale Technische Rathaus entstehen können. Und es ist nicht nur als ironischer Seitenhieb zu verstehen, wenn nun in der Fassade des Großen Rebstocks Teile von dessen Waschbeton-Elementen aus den siebziger Jahren als Spolien die romanisch anmutende Fassade zieren. Auch das ist die Fortschreibung einer Geschichte.

Spolien beglücken nicht nur. Sie können auch irritieren. Gerade als schadhafte Überbleibsel zeugen sie nicht nur vom Glanz, sondern auch vom Elend einer Epoche. Es war deshalb weise, in den Neubauten Spolien der Gotik, der Renaissance und des Barock zu verbauen. Nicht als rein sentimentale Verbrüderung von Einst und Jetzt, vielmehr als Überraschung und Überrumpelung.

Während die halbnackten lebensgroßen Jugendstilfiguren im Hof des Goldenen Lämmchens eine ebenso verzaubernde Anmut ausstrahlen wie die von Rocaillen umrahmten Kinderporträts aus dem Rokoko über den Toren im Hof zum Rebstock, kann in geschundenem Sandstein auch ein Moment von Leid stecken. Das zeigt sich in den zerkratzten, zerschlagenen und vom Stadtbrand noch immer rußverschmierten Bauteilen des Hauses Zu den drei Römern. Und das herrliche alte Portal des Taubenhofs, mehr als fünf Meter breit, einst in der Schillerstraße gerettet, also fern des Altstadtzentrums, und nun dem Alten Kaufhaus auf seiner Nordseite vor die Fassade gesetzt wie eine moderne Installation, starrt die Passanten mit seinen Fensterhöhlen links und rechts des großen Bogens fast vorwurfsvoll an. Wenn man einen Beleg braucht, dass die Neue Altstadt kein Disneyland ist, dann findet man ihn in diesem verstörendem Stück Architektur.

12

EIN LEBEN OHNE SONNE –
Der Alltag in der Altstadt war nicht immer lustig

Womöglich ist keine Überlieferung dem Wesen Frankfurts je näher gekommen als der Merianplan aus dem Jahr 1628. Matthäus Merian der Ältere hat ihn gestochen, den Blick von Südwesten aus auf die Stadt gerichtet, aus der Vogelperspektive, fast so, wie man die Stadt heute beim Landeanflug auf den Rhein-Main-Flughafen vor sich hat. Und man fragt sich natürlich, wie Merian so weit nach oben hat aufsteigen können, wie viel künstlerisches und mathematisches Genie es bedurfte, die am Boden gemachten Skizzen in ein Bild umzusetzen wie vom Himmel hinuntergeschaut.

Am unteren Bildrand schmiegt sich Sachsenhausen komplett ummauert und im Süden zudem von einem Wassergraben umzogen wie eine Festung an den Main, den Moenus Fluvius, wie er auf dem Plan heißt. Von dort führt die Alte Brücke über das Wasser, an beiden Seiten flankiert von mächtigen Wehrtürmen. Und dann spaziert man in Gedanken schon los, die Fahrgasse hinauf, zum Domplatz hinüber, an dessen Schirnen vorüber, und erkennt, was es jetzt wieder gibt: den Hühnermarkt, den Rebstockhof, sogar das Rote Haus, das sich über die Gasse Tuchgaden spannt. Aber man begreift zugleich, was es nicht gibt: die Domstraße, die Braubachstraße, die Paulskirche mit ihrem Platz. Das alles ist noch eng bebaut und wird ja im Lauf der folgenden Jahrhunderte sogar noch dichter werden, bevor am Beginn des zwanzigsten Jahrhunderts Stadtplaner die Abrissbirne schwingen.

Auch die alten, historischen Stadtgrenzen sind noch nicht verwischt. Man ahnt das Oval zwischen Dom und Römer, in dem die Stadt ihren Anfang nahm, durch Mauern aus Häusern vom Main getrennt. Sieht noch Reste der Staufenmauer, die Frankfurt bis ins vierzehnte Jahrhundert umschlossen hatte, und begreift die einstige Funktion der Zeil als Umgehungsstraße für den eiligen Verkehr und all diejenigen, die in die Stadt nicht durften oder nicht wollten. Durch den größeren Halbkreis der neuen Wallanlage, die 1333 kaiserlich genehmigt worden war, verdreifachte sich die Fläche der Stadt und bot reichlich Platz für eine neue Bebauung, die zunächst Neustadt oder Niederstadt hieß und so fern vom Herzen des alten Zentrums lag, der Oberstadt, dass die Grundstücke mancher Patrizierhäuser so groß waren wie Parks. Auf der Karte sind deren Gärten mit Beeten und Rabatten nach barocken Mustern anlegt. Forsch galoppieren einige Reiter über die weite Fläche des Rossmarkts. Aber die großen Schneisen durch die Stadt sind leer. Kaum ein Spaziergänger auf der Zeil, als wollte Merian andeuten, dass die breiten Straßen und großen Plätze eher absichtslos entstanden sind, als man die außerhalb der Stadtmauer abgehaltenen Tiermärkte und jenseits der Mauer stehende Häuser und Höfe kurzerhand in den Mauerring geholt hatte. Für lange Zeit sollte damit die Stadtgrenze festgelegt sein. Außerhalb des Walls durfte nur noch in Ausnahmen gebaut werden. Äcker und Felder reichten bis unmittelbar an die Stadtmauer heran. Frankfurt zählte damals kaum mehr als zehntausend Einwohner.

Gewohnt haben sie nach ihren Berufen, Ständen und Zünften geordnet. Und dies wiederum in sinnvollem Zusammenhang, so dass auf die Mühle und die Mehlwaage die Bäcker folgten oder etwa Hühnermarkt, Metzgerviertel und Schlachthaus in Reihe lagen. Vor allem zwei Haustypen hatten sich in der Stadt herausgebildet. Zum einen das Bürgerhaus, als schmaler Bau, der mit dem Giebel zur Straße steht, aus Stein gebaut sein kann, häufiger aber auf einem steinernen Erdgeschoss als Fachwerkhaus errichtet wurde – oder komplett aus Fachwerk. Das Erdgeschoss war Verkaufsraum, Werkstatt oder Messehalle, nur in den oberen, auskragenden Stockwerken hat man gewohnt. Noch bis Ende des vierzehnten Jahrhunderts waren die meisten dieser Häuser mit Stroh gedeckt gewesen, erst 1386 verordnete der Rat, dass Dächer fortan mit Ziegeln oder Schiefer zu decken seien. Zum anderen gab es die Patrizierhäuser der Großkaufleute und des städtischen Adels, mächtige Steingebäude, die sich alle Mühe gaben, mit überflüssigem Zierrat wie Türmchen und Wehrgängen hinter Zinnen einer Burg zu gleichen. Auch hier diente das Erdgeschoss als Handelshalle, weshalb sich die Gebäude zur Straße hin mit großen Spitzbögen öffneten. Das Steinerne Haus am Römerberg, um 1465 gebaut, und das Leinwandhaus am Weckmarkt dokumentieren das in aller Reinheit. Die beiden Gebäude sind heute so etwas wie Eckpfeiler der Altstadt.

Darüber hinaus waren den Frankfurtern Ornamente am Haus oder auffällige Fassaden suspekt, weshalb sich in der Stadt eine sogar noch reduzierte Form der Gotik viel länger hielt als anderswo in Europa. Erst die Glaubensflüchtlinge aus den Niederlanden brachten mit dem Stil der Renaissance und ihrem entschiedenen Willen, ihren Reichtum nach außen zu demonstrieren, eine Pracht in die Stadt, die zunächst argwöhnisch beobachtet wurde. Für die Wirkung auf das Stadtbild noch entscheidender allerdings war die »Firstschwenkung«. Um den Eindruck eines Palasts zu erwecken, standen deren Häuser nicht länger mit dem Giebel, sondern mit der Traufseite zur Straße, und die riesigen Dachflächen wurden gekrönt von mehrstöckigen Aufbauten, den Zwerchhäusern.

Indem man das Fachwerk verputzte, gab man der Fassade den Anschein von Stein. Das übernahmen nun auch die Frankfurter, und nachdem sogar ein Gesetz dies forderte, um die Gefahr von Bränden einzuschränken, wandelte sich das Straßenbild endgültig. Auf dem minutiös gezeichneten Plan von Merian muss man sehr lange suchen, bis man an einem Haus ein paar Balken erkennt. Nur in Sachsenhausen herrscht das Fachwerk noch vor.

Neu gebaut wurde in Frankfurt selten, nach den großen Bränden Anfang des achtzehnten Jahrhunderts etwa. Umgebaut hingegen wurde in jeder Generation. So setzte sich in der Zeit des Barock ein neuer Haustyp durch, dessen Fassade, soweit es nur irgend möglich war, sich in Fensterbänder auflöste. Die Überhänge gingen zurück. Die Gassen wurden luftiger, die Räume in den Häusern heller. Doch weil sich die Zahl der Häuser wie die ihrer Stockwerke zumindest im Altstadtkern kaum jemals änderte, blieb die insgesamt gotische Anmutung des Stadtbilds dort bewahrt.

»Besonders die Quärgassen sind schmal, dunkel und winklicht, mit einem Worte schlecht«, kritisierte Philipp Wilhelm Gercken 1788 in seiner *Historisch-Statistischen Beschreibung* die Stadt. In den Gassen herrschte Lärm. Und Betrieb. Das Klopfen der Schuhmacher und Spengler, das Hobeln und Sägen der Schreiner und die Hammerschläge aus den Schlosserwerkstätten hallten in den Gassen wider. Dazu Kindergeschrei, die Rufe der Marktfrauen. Allerorten herrschten strenge Gerüche. Und glaubt man den Beschreibungen der Zeit, musste man als Fußgänger unentwegt die Treppen der Häuser »hinaufflienen«, um den Rädern der Fuhrwerke zu entgehen.

Dann wurde Frankfurt vom Klassizismus regelrecht überrollt. Als Abkehr vom vermeintlich finsteren Mittelalter und mit dem Rückgriff auf die hochgeschätzte Welt der Antike glich der

neue Stil einer Lizenz zum Abriss. Brückentürme, Pforten und Kirchen wurden niedergelegt, und an der Zeil, dem Rossmarkt und in anderen Ecken der Niederstadt wurden palastähnliche Wohnhäuser errichtet, wo sich zuvor drei, vier oder noch mehr Giebelhäuser zusammengequetscht hatten. Wie ein Fremdkörper wurde maßstabslos die Paulskirche auf das Gelände der abgerissenen Barfüßerkirche gestellt. Mit der neuen Stilform kam eine neue Wohnform einher: das Mietshaus. Dort, wo neue Stadtteile geschaffen wurden, im Fischerfeldviertel etwa, nur einen Steinwurf vom Dom entfernt, entstanden nun einheitlich viergeschossige Wohnblocks, wenn auch mit der gesamten stilistischen Vielfalt, die der Klassizismus zur Verfügung stellte. Als 1804 die »gänzliche Demolition« der Stadtmauer angeordnet wurde, konnte die Stadt in nahezu alle Richtungen ausufern. »Wie ein Camembert war die bis 1806 fest ummauerte mittelalterliche Stadt aus der Schachtel genommen«, beschrieb hundertfünfzig Jahre später Fried Lübbecke in einem Rückblick über das ungestüme Wachstum der Stadt die parallel einhergehende Verelendung der Altstadt, »und unter der Wärme eines oft überstürzten wirtschaftlichen Aufschwungs von allen Seiten halt- und formlos auseinandergelaufen.« Die alten Landstraßen ließ man bestehen, und erst allmählich wurden durch Querstraßen geordnete Bebauungsflächen eröffnet. In der Stadt rettete derweil die zur Mode gewordene Romantik zumindest Gebäude wie den Eschenheimer Turm vor dem Abriss oder sorgte etwa für eine Wiederinstandsetzung der zum Lagerhaus verkommenen Nikolaikirche. Trotzdem konnte man der gotisch-barbarischen Architektur allenfalls noch ein paar wohlige Schauer abgewinnen. So wurde 1854 ernsthaft darüber diskutiert, ob man die Kopfbahnhöfe im Westen und Osten der Stadt nicht mit einer Strecke quer über den Römerberg und direkt am

Dom vorbei verbinden solle. Am Ende verlegte man die Gleise am Mainufer entlang.

Die schmalen Gassen rund um den Dom blieben von all den Entwicklungen samt der neuen Bauwut nahezu unberührt – waren aber dabei, ihren guten Ruf als Wohnquartier zu verlieren. Nicht, dass es keine Versuche gegeben hätte, dort einzugreifen. Mit strengeren Bauvorschriften wurde versucht, das Quartier aufzuwerten. Überhänge waren bei künftigen Neubauten untersagt, die Dachtraufen sollten zur Straße gerichtet sein, Zwerchhäuser wurden verboten. Doch statt der vorgeschriebenen Umgestaltung im Sinne eines klassizistischen Ideals nachzugeben, hielten die Bewohner der Altstadt an ihrem Besitz fest und verzichteten lieber auf Instandsetzungsarbeiten, als im Rahmen von Renovierungen den neuen Vorschriften folgen zu müssen. Dafür hatte man lange ausgenutzt, was in der neuen Bauverordnung von 1809 nicht geregelt war, nämlich wie viel Fläche eines Grundstücks bebaut werden dürfe. Und so nahmen die Anbauten in den Höfen für Werkstätten, Lagerräume oder gar Wohnraum weiterhin zu. Das änderte zwar nichts am Straßenbild, sollte aber der Altstadt als Organismus insgesamt bald schaden.

Frankfurt wuchs. Im Jahr 1830 hatte man fünfzigtausend Einwohner gezählt, 1874 waren es bereits doppelt so viele. Allein im Kern der Altstadt, die schon lange nicht mehr der Mittelpunkt Frankfurts war, sondern eher eine Art Enklave, ein Randgebiet, lebten zwischen zwanzig- und fünfundzwanzigtausend Menschen wie abgeschnitten von der Entwicklung der restlichen Stadt. »Nirgends gibt es so viele holprige, winklige, krumme Gassen, so viel enge, unregelmäßige Plätze, so viel schiefe, finstere Häuser, so viele Durchgänge und Zickzackwege«, schrieb der Reisejournalist Edmond Texier im Jahr 1858. »Wer selbst vier oder fünf

Tage lang diese alten Viertel durchwandert hat, muss schließlich zu der Überzeugung kommen, dass er sie immer noch nicht kennt, dabei wird er sich plötzlich der Gefahr bewusst, und der Gedanke, sich ohne Führer in dies unentwirrbare Labyrinth gewagt zu haben, jagt ihm noch nachträglich einen Schrecken ein.«

Mit der Oper, der Börse und dem Frankfurter Hof hatte ein architektonischer Eklektizismus Einzug gehalten. Kirchen und öffentliche Gebäude wurden mal im Stil der Renaissance, mal dem der Gotik gebaut und fanden um 1900 ihren Höhepunkt in dem Komplex des neuen Rathauses, das sich vom Römer aus als verschachtelte Gebäudegruppe die neu angelegte Bethmannstraße entlangzog und den Eindruck erwecken sollte, im Lauf von Jahrhunderten entstanden zu sein. Zwei Türme ragten darüber hinaus, einer davon eine Rekonstruktion des 1765 niedergelegten Sachsenhäuser Brückenturms. Umgekehrt wurden 1901 entlang des Doms sieben alte Häuser der Höllgasse ersatzlos abgerissen, um den Domturm »freizulegen«.

Freilegen war so etwas wie das Zauberwort der Zeit. Man brauchte Platz. Auch für den Verkehr. Obwohl die Stadt immer ein lebhafter Knotenpunkt gewesen ist, schienen die Straßen der Altstadt mit dem Aufkommen von Postkutschen und den Wagen der Messehändler gut zurechtgekommen zu sein. Jetzt aber sollten Straßendurchbrüche her. Und Frankfurt schielte nach Paris, als könne man die Idee der großen Boulevards umstandslos über die gedrängte Altstadt legen. So wurden mit der Junghofstraße und der Kaiserstraße erste breite Schneisen in die Stadt geschlagen, als schmälere Straßen folgten Schiller- und Goethestraße. Für die Altstadt entscheidend aber war der Plan, etwa dort, wo früher die Braubach floss, eine breite Straße samt Gleisen für die Straßenbahn anzulegen. Hundert alte Häuser mussten für die mehrfach gekrümmte Braubachstraße weichen, von der man sich eine Entlastung der Zeil und eine Aufwertung der Altstadt sowie deren Rückanbindung an das restliche Frankfurt erhofft hatte. Doch das Gegenteil geschah. Wie eine Mauer trennte die neu entstandene, einem üppig überladenen, altdeutsch gestimmten Späthistorismus verschriebene Häuserzeile die Altstadt vom Rest der Stadt. Nun war zwischen Braubachstraße und Main eine Insel entstanden, eine Welt für sich.

Die Abkapselung der Altstadt und ihr Verfall war ein schleichender Prozess. Eingeläutet wurde er spätestens mit der letzten Krönungsfeier 1792 und dem Ende des Heiligen Römischen Reichs 1806, und rasant an Fahrt nahm er von der zweiten Hälfte des neunzehnten Jahrhunderts an auf, als Leipzig die wichtigen Messen an sich gezogen hatte und die ganz auf den Handel ausgerichtete Architektur der Altstadt mit einem Mal brachlag. Mit Eröffnung der Kleinmarkthalle 1878, einer verglasten Eisenkonstruktion im Stil der damals populären Neurenaissance nahe der Zeil, zogen schließlich auch die Marktstände ab. Und mit dem Bau von Untermain- und Obermainbrücke büßte die Alte Brücke mit ihrer Verlängerung, der Fahrgasse, der zentralen Straße der Altstadt, ihre Bedeutung als Hauptverkehrsweg ein. Noch hatten in den meisten Häusern der Altstadt die Eigentümer selbst gewohnt. Viele waren seit Generationen in Familienbesitz, und die Kinder und Enkel blieben dem Beruf der Ahnen treu, weshalb die Werkstätten und Läden durchgängig betrieben wurden. Aber als die Altstadt begann herunterzukommen, zog, wer es sich leisten konnte, in die neuen Stadtteile und vermietete sein Haus. Die Abwanderung reicher Familien in die neuen Stadtgebiete soll im neunzehnten Jahrhundert regelrecht zur Mode geworden sein, was zu einer sozialen Schieflage zwischen der Altstadt und den neuen

Stadtvierteln führte. Mietinteressenten für die leer gewordenen alten Häuser allerdings gab es genug. So viele, dass es sich ausbezahlte, ein Haus in viele kleine Wohnungen oder Zimmer zu unterteilen. Besonders nach 1866, als Frankfurt preußisch wurde und mit einem Mal jeder das Recht hatte, hierherzuziehen, erlebte die Stadt wahre Fluten von Neuankömmlingen, ungelernte Arbeiter zumeist, die in all den neu entstehenden Fabriken im östlichen Teil beschäftigt waren. Sie gaben sich zufrieden mit dem, was Frankfurter als »ahl Gelerch« bezeichneten. Häuser zu renovieren oder gar zu modernisieren, dazu gab es keinen Grund. In der Absicht, sie früher oder später abzureißen, hatte ohnedies die Stadt einen Großteil der Gebäude gekauft. Zwischen Dom und Römer gehörte ihr mehr als die Hälfte aller Immobilien, insgesamt sollen sie in schlechterem Zustand gewesen sein als der Durchschnitt der privaten Häuser. Es könne, hieß es dazu 1926 in einem Magistratsbericht, »aus fiskalischen und hygienischen Gründen nicht an eine Erhaltung unbedeutender Altstadthäuser sowie an eine starke Konservierung der gesamten Altstadt gedacht werden. Es erscheint unvertretbar, insbesondere in dem Teil des städtischen Hausbesitzes, der nur wegen Baufälligkeit in den letzten Jahren aus privater Hand in städtischen Besitz kam, erheblich Baumittel zu investieren, wenn selbst bei bester konstruktiver Erneuerung infolge mangelhafter Belichtung und Belüftung ungesunde Wohnverhältnisse verbleiben.« Insgesamt sollten fünfundvierzig Altstadthäuser niedergerissen werden, was vier Prozent der Altbauten ausgemacht hätte. Als Altstadt galt da noch immer der Bezirk zwischen den sogenannten »Graben«-Straßen – Hirschgraben, Holzgraben, Wollgraben – und dem Main. Der Altstadtkern hingegen zwischen Römer und Dom sollte aus kulturhistorischen und wirtschaftlichen Gründen und als städtebaulich und

architektonisch »ungemein reizvolles Stadtgebiet« vollständig erhalten bleiben, ist in Magistratsakten vermerkt. Dennoch wurde er nie als Museum betrachtet, sondern als Lebensraum.

Die hygienischen und sanitären Zustände in der Altstadt waren katastrophal. Ein Drittel der Kinder soll an Tuberkulose gelitten haben. Dort, wo früher eine Familie das ganze Haus bewohnt hatte, hauste nun mitunter in jedem Zimmer eine Familie. Manche waren in fensterlosen Räumen untergebracht. Treppenhäuser waren einsturzgefährdet, manche Fußböden glichen Abhängen mit einem Niveauunterschied von dreißig Zentimetern in nur einem Raum. Defekte Kanalisation und Wasserleitungen sorgten für Schwamm, Fäulnis und Moder. Bis zu vierzig Personen teilten sich ein Klosett. Neben den Geringverdienern hatten sich Kleinkriminelle ihr Milieu geschaffen. Die Prostitution, klagte die *Frankfurter Zeitung* im Juni 1922, habe »einen geradezu schamlosen Umfang angenommen«. Außerdem wäre »mindestens zwei Dritteln der hier viel zu dicht gelagerten Branntweinschänken« in Zukunft die Konzession nicht mehr zu erneuern. Die Zahl der Gaststätten, Bierstuben, Weinstuben, Apfelweinlokale, Bars und Automatenrestaurants war binnen kurzer Zeit so angewachsen, dass die Altstadt bei Gelegenheit mit St. Pauli verglichen wurde. Die Bevölkerungsdichte war dort achtmal höher als im Westend.

Um die Schönheit zu erkennen, die sich hinter den düsteren Fassaden verbarg, bedurfte es eines Niedersachsen, Dr. Fried Lübbecke, der alles daransetzte, die Altstadt vor ihrem Untergang zu retten, und dazu 1922 den »Bund tätiger Altstadtfreunde« gründete. Der Verein wollte die Altstadt auf sozialem, hygienischem und künstlerischem Gebiet fördern. Manches war von gewisser Naivität geprägt, etwa der Vorstoß, die Fassaden der Häuser in leuchtenden Farben anzumalen. Die Auskernung dicht bebauter Höfe hingegen sorgte für Licht und Luft und schuf freundliche Plätze, die mit Bäumen bepflanzt oder als Kinderspielplätze angelegt wurden.

Man empfand wieder Freude »am System der Systemlosigkeit, an der berauschenden Fülle des Gewordenen«, beschreibt Rudolf Geck im Jahrbuch 1926 des »Bundes tätiger Altstadtfreunde« einen Spaziergang im Gewühl zwischen Dom und Römer. »An Grau und Braun und Rot und Gelb zogen wir entlang, an neuem Putz und bresthaftem Alten, sahen Türmchen, Spitzen und Breitgedachtes in die Höhe streben, das Schwergelagerte neben dem Zierlichen, das Breitmaulige neben gelassenem feinem Lippenpfiff.« Und er fragt sich am Ende bloß, ob es die Zeit wohl fertigbringe, »das Allzugrelle im neuen Altstadtputz zu überhauen«. Es lungerten nun am Römer sogar Gassenbuben herum, die den Fremden anboten, sie durch das Gewirr der Gassen zu führen. Ein Reiseführer allerdings mokierte sich darüber, dass sie kaum mehr wüssten, als »Römer« zu murmeln, auf das Rathaus zu zeigen und die Hand aufzuhalten; geradeso wie »die Sorte von Fremdenführern, die in Neapel das Meer mit den Worten ›Il mare!‹ vorstellen«.

Die Weltwirtschaftskrise 1929 führte dazu, dass die ambitionierten Arbeiten vorerst eingestellt wurden. Aber als der Fremdenverkehr 1932 durch das deutschlandweit gefeierte Goethejahr sowie die fortan jährlich veranstalteten Römerbergfestspiele angekurbelt wurde, nahm man das zum Anlass, zumindest am Hühnermarkt das Erbe der beiden großen Frankfurter Dichter aufrechtzuerhalten: Goethe und Stoltze. Ein Wettbewerb zur »Altstadtgesundung« wurde 1934 ausgeschrieben, hinter dem sich im Dritten Reich freilich nicht zuletzt die politische Absicht verbarg, das Areal von politischen Gegnern des Regimes und vermeintlichen Kommunisten zu befreien. Stattdessen sollten Parteifunktionäre und »ehrliche« Handwerke einziehen. Zum Vorzeigeprojekt der »Stadt des deutschen Handwerks« wurde die behutsame Sanierung des Fünffingerplätzchens. Die Renovierungen der Wohnungen führten zu einer Nachfrage, die das Angebot um ein Fünffaches überstieg.

Anderswo in der Altstadt ging man weniger sorgsam vor und riss etwa am Hainer Hof die alten Gebäude komplett ab und ersetzte sie mit Wohnbauten im Heimatstil. Wiederum andere Gebäude trug man Stück für Stück ab, um sie später wieder zu errichten, wenn auch niemand genau wusste, wo; das Haus Zum Heydentanz etwa und den Alten Speicher. An elf Sanierungsprojekten wurde im Rahmen der »Altstadtgesundung« parallel gearbeitet, hinzu kamen etliche Abbruchprojekte. Denn erst eine genaue Bestandsaufnahme hatte deutlich gemacht, was die Unterlassung von Ausbesserungen und Renovierungen dem Fachwerk über mehr als hundert Jahre angetan hatte, selbst dort, wo die Straßenansicht noch einigermaßen in Stand geblieben war. Zur wiederkehrenden Metapher bei den Schilderungen wurde der kranke Organismus, dem wieder Kraft eingeflößt werden müsse – bis hin zur würdigen Wiederauferstehung. Als Bild für den neu aufblühenden Stadtteil taugten die weit über hundert Blumenkästen, aus denen das Rot der Geranien und das Weiß der Petunien leuchteten.

Von 1939 an musste die Sanierung kürzertreten. »Gewisse Materialschwierigkeiten, insbesondere aber Arbeitermangel im Baugewerbe, lassen die Arbeiten nur sehr zögernd vorwärtsgehen«, berichtete das Nachrichtenblatt der Frankfurter Bauvereine für gemeinnütziges Wohnungswesen. »Diese Schwierigkeiten sind bedingt durch vordringliche Arbeiten unserer Landesverteidigung. Sie werden vorübergehen, und dann wird auch die Frankfurter Altstadtsanierung wieder in vollen Touren laufen.«

Stattdessen lief das Sonderprogramm für die Altstadtsanierung 1941/42 aus. Zwei Jahre später war die Altstadt nur noch Asche.

13

Reichtum ist keine Schande –
Die Goldene Waage zeigt, was Pracht und Herrlichkeit bedeuten

Es war nicht kalt. Nur grau und regnerisch. Ich zog die Kapuze über den Kopf, als wir aufs Belvederchen hinaustraten, und Jochem Jourdan schob seine Wollkappe ein bisschen tiefer in die Stirn. Dann nahmen wir die acht, neun Stufen hinauf zur Dachlaube. »Dort drüben der Taunus, da der Spessart, hier der Odenwald«, sagte Jochem Jourdan und drehte sich in dem langen Raum mit ausgestrecktem Zeigefinger einmal um sich selbst. »Es muss wunderbar gewesen sein. Von Reiffenstein sind einige Ansichten erhalten. Sie wissen schon, der romantische Maler. Die Blätter liegen im Historischen Museum.« Und dann holte er aus zu einem kleinen Exkurs über Lustlauben und Natursinn und wollte partout die Konturen der sanften Hügellandschaften Südhessens im Konzept des Architekturtheoretikers Antonio di Pietro Averlino Filarete unterbringen. Der hatte im fünfzehnten Jahrhundert in seinem Traktat vom »Theater der Hügel« gesprochen und den idealen Standort einer Villa in deren Mitte ausgemacht. »Das ist die Sache mit dem Fensterblick«, sagte Jochem Jourdan. Aber als er im Gitterwerk um uns herum einen Klappladen öffnete und ein paar Schritte weiter ein Fensterchen aufschob, sahen wir dahinter nur jeweils Dächer, die der Nieselregen zum Leuchten brachte wie frisch aufgetragenen Lack. In kleinen Rinnsalen lief das Wasser über den graublauen Schiefer der Wohnhäuser, und eilig rann er die steile goldene Haube des Stadthauses hinab. Auf der einen Seite reckte sich immerhin das Bild der Skyline mit den Bankentürmen in einen ausgesparten Winkel zwischen dem Dachsims gegenüber und der eigenen Regenrinne, auf der anderen ragte kaum mehr als eine Armlänge entfernt der Turm des Doms in den bleiernen Himmel. Zwischen Leinwandhaus und Schirn lugte ein schmales Stück Main hervor. Mehr gab es nicht zu sehen.

Das Belvederchen thront über dem obersten Stockwerk der Goldenen Waage und ist gewissermaßen die Vorwegnahme des Dacheinschnitts zur Zeit der Renaissance. Über eine Wendeltreppe erreicht man eine kleine, ummauerte Terrasse, in deren einer Wand ein herrlicher Brunnen eingelassen ist. Zwischen zwei gewundenen korinthischen Säulen und über einer Schale aus Granit öffnet sich eine Grotte im Miniaturformat, angelegt mit hellen Gesteinsbrocken unten und dunklen, fast schwarzen Steinen oben, zwischen denen Flecken von Katzengold funkeln wie Sterne in der Nacht. »Es ist ein Springbrunnen mit einem raffinierten System«, sagte Jochem Jourdan. »Das Wasser spritzt so kräftig, dass ein kleiner Ball auf der Fontäne hüpfen kann.«

In einem Buch von Salomon de Caus aus dem Jahr 1615 soll auf einer Radierung ein sehr ähnlicher Brunnen zu sehen sein. Der Physiker und Gartenkünstler hatte darin die Grundideen der palatinischen Gärten ausgebreitet. Und Jochem Jourdan vermutet, dass Abraham van Hamel es kannte, als er 1616 mit dem Bau der Goldenen Waage begann. Es spreche viel dafür, sagte er. Was bei ihm schon fast wie eine Festlegung klingt. Denn ansonsten verweigert er sich im Gespräch jeglicher Spekulation.

Das war auch seine Antwort auf die Frage, was Herr van Hamel und seine Frau in ihrer Laube wohl getan haben mögen, diesem langen luftigen Raum unter dem abgewalmten Satteldach, damals der höchste Punkt der Stadt, wenn man den Domturm einmal außer Acht lässt. Sicher diente das Belevederchen dazu, hin und wieder dem Gestank in den engen, finsteren Gassen zu entkommen, frische Luft zu schnappen und die Sonne zu sehen, zumal Spaziergänge vor den Toren der Stadt eher ungewöhnlich, und vom frühen Abend an, wenn die Tore verschlossen wurden, sogar unmöglich waren. Aber keiner kann sagen, ob sich die beiden nur zu zweit dort trafen, vor jeglichen Blicken geschützt, oder ob sie nicht Freunde und Geschäftspartner auf ein Glas Wein in die Laube einluden. Vielleicht wurde sogar musiziert? Denn immerhin so viel ist in einem Text überliefert: Ein Fresko an der Decke zeigte Musikinstrumente der Zeit. Und so ist es auch jetzt wieder. Der englische Künstler Edward Allington hat dazu auf hellblauem Grund ein Gitternetz gemalt und Fragmente historischer Instrumente mit kräftigen Linien in Weiß und Schwarz hineingesetzt, dazu Fragmente von Ranken, und nun wirkt es, als schwebte das alles am Himmel.»Wie es damals aussah, wissen wir natürlich nicht«, sagte Jochem Jourdan.

Jochem Jourdan, Jahrgang 1937, ist Architekt und Stadtplaner. Sein Büro hat die Goldene Waage rekonstruiert. Das gesamte Haus, vom Sockel bis zum Belvederchen. Und vermutlich weiß kein Mensch auf der Welt mehr über das Gebäude als er. Heute jedenfalls. Noch 2004, gesteht er fast kleinlaut, habe er keine Ahnung von dessen Bedeutung gehabt. Deshalb hatte er sich damals bei seinem Entwurf im Wettbewerb um die Römerbergbebauung zwar an der kleinparzelligen Struktur des historischen Altstadtgrundrisses orientiert und sogar eine Rückkehr zu den steilen Dächern der gotischen Architektur vorgesehen – sich allerdings ganz entschieden gegen Rekonstruktionen der historischen Gebäude ausgesprochen.

Im Rückblick mag man das kaum glauben, denn ausgerechnet Trümmerreste der Goldenen Waage waren ihm seit Schulzeiten bekannt. Eberhard Beckmann, der erste Intendant des Hessischen Rundfunks, hatte sie in den fünfziger Jahren zum Kilopreis von der Stadt Frankfurt gekauft. Nicht nur Eckkonsole, Kragsteine und das in Sandstein geschlagene Wappen, sondern gleich das gesamte Erdgeschoss in fast seiner gesamten Länge. Das wurde auf seinem Grundstück in Dreieich zum Sockel für einen prächtigen Anbau, in dem er seine Bibliothek untergebracht hatte, und Jochem Jourdan kannte es nur zu gut, weil er mit Beckmanns Tochter zur Schule ging. Trotzdem, sagt er, habe er die Bedeutung der Goldenen Waage erst durch die umfangreiche und detaillierte Dokumentation begriffen, die parallel zur Altstadtplanung angefertigt wurde.

Heute kann man leicht reden. Die Menschen stehen vor der Goldenen Waage und bekommen den Mund nicht zu vor Staunen. Unten sechs Bögen aus roten Sandstein, ursprünglich offene Durchgänge zu einer Kaufhalle im Erdgeschoss, dort, wo jetzt Kaffee ausgeschenkt und Kuchen serviert wird. Darüber Reihen schlanker Fenster fast über die gesamten auskragenden Etagen in herrlichstes Fachwerk gesetzt. Und zum Markt hin gekrönt von einem rheinischen Wellengiebel über zwei Etagen. Das alles ist in seiner Komposition schon von solcher Anmut und Perfektion, dass man lange wird suchen müssen, bis man irgendwo einen schöneren Fachwerkbau der Renaissancezeit findet. Aber dann erst die Details: Nichts, was es in der überladenen Fülle der Fassade nicht gäbe – von prächtigen, schmiedeeisernen Fenstergittern und herrlichster Steinmetzkunst mit Ornamenten wie etwa dem Diamantmuster des Beschlagwerks über geschnitzte Pflanzen, Früchte und Tiere bis zum Hauszeichen des ausgestreckten Arms, der eine goldene Waage über die Gasse hält, und den Köpfen, die mal als Fratzen böse Geister vertreiben sollen und mal mit Stolz auf die Passanten hinunterschauen. Dabei hat Jochem Jourdan bei deren Bemalung in die Farbtöpfe greifen lassen, dass es eine Lust ist. Jedes Blümchen, jedes Insekt lebt auf in einer Buntigkeit, die selbst vor Gold und Türkis nicht Halt macht. Damit habe van Hamel seinen Kunden gezeigt, erklären die Fremdenführer ihren Gruppen, welche Wirkung genau die Farben entfalten, die er in seinem Laden angeboten hat: »Es war gewissermaßen sein Musterkatalog.« Aber Jochem Jourdan schüttelt darüber nur den Kopf und sagt wieder einmal: »Man weiß es nicht.« Aber was er weiß, ist, dass die ursprüngliche Fassade mit solchen Farben bemalt war. Den Resten der Ruine hatten Restauratoren fünfundsechzig Farbproben entnehmen können, auf die er sich nun beruft – und die er mit Leimfarbe und historischen Pigmenten eigens anrühren ließ.

Die Trümmerreste aus Dreieich waren ein Anfang, buchstäblich der Sockel für den Wiederaufbau, denn deren neuer Besitzer hatte sich überzeugen lassen, sie der Stadt zu stiften, und nun stecken sie in dem Bau jeweils wieder dort, wo sie auch früher ihren Platz hatten. Darüber hinaus fand Jochem Jourdan über diese Bruchteile nicht nur zum originalen Material, bis hin zu bestimmten Steinbrüchen, vielmehr gelang es ihm auch, daraus einen Maßstab für das gesamte Haus zu errechnen. Dazu kamen Skizzen, Pläne und Ansichten des Hauses aus dem neunzehnten und frühen zwanzigsten Jahrhundert, außerdem die Zeichnungen des Architekten Franz von Hoven aus der Zeit um 1900, als die Stadt Frankfurt das Haus übernahm, in Stand setzen ließ und dort eine Dependance des Historischen Museums einrichtete. Aber all das Material und all die vielen Fotografien, die das Haus von innen und außen zeigten, waren schwarzweiß.

An der Pracht und Herrlichkeit des Bauwerks jedoch konnten nie Zweifel bestehen. Denn schon die Zeugnisse aus dem frühen siebzehnten Jahrhundert erzählen davon, wie erbost sich die Frankfurter Bürgerschaft zeigte angesichts dieses Fachwerkbaus, der alles übertraf, was die Stadt bis dahin kannte – und in der Bescheidenheit ihres ausgeprägten Bürgersinns auch wollte. Ursprünglich hatte van Hamel sogar noch größere Pläne verfolgt, aber ein weiteres, von ihm ursprünglich vorgesehenes Stockwerk wurde ihm kurzerhand verboten. Dafür ist das Sockelgeschoss mit einer Höhe von fast fünfeinhalb Meter umso mächtiger geworden und bietet innen genug Raum für ein Zwischengeschoss, vornehm Mezzanin genannt, in Frankfurt aber einfach die Bobbelage.

Abraham van Hamel und seine Frau Anna van Litt waren als reformierte Religionsflüchtlinge aus den spanischen Niederlanden nach Frankfurt gekommen. Durch den Handel mit Gewürzen, Früchten und Farben war der Geschäftsmann zu gehörigem Reichtum gekommen. Er soll zu den vermögendsten Bewohnern der Stadt gezählt haben und scheute sich eben nicht, seinen Erfolg auszustellen – bis hin zu den fein ausgearbeiteten Darstellungen von ihm selbst und seiner Frau, die jetzt wieder als Porträtsteine über dem Eingang sitzen.

Was er belegen konnte, wurde von Jochem Jourdan rekonstruiert. Es ist viel. So viel, dass manche sagen, man könne für dieses Gebäude getrost auf die vorsichtige Formulierung des »Schöpferischen Nachbaus« verzichten. Selbst die herrliche, barocke Stuckdecke im Salon des ersten Stocks, die in ihrer Dreidimensionalität einer Skulptur näher ist als einem Relief, gibt es wieder. Mit biblischen Figuren, die van Hamel ausgewählt hatte, erinnert sie an dessen eigene Biographie. Aber der gleiche Anspruch wurde in fast unscheinbare Details gelegt, und so passiert es, dass Jochem Jourdan bei einem Spaziergang durchs Gebäude im Treppenhaus an einem Fenster stehen bleibt und zart über die Beschläge fährt, die nach den Vorlagen alter Zeichnungen mit feinsten Ornamenten überzogen sind. »Schauen Sie sich das doch bloß einmal an«, sagt er und kann sich kaum losreißen. Vor dem Fenster flattert das Seil eines Flaschenzugs an der Stelle im schmalen Hof, an der van Hameln seine Waren ins Lager unter dem Dach gezogen hat.

Dort, wo allen Recherchen zum Trotz manche Stelle weiß geblieben ist, hielt Jochem Jourdan sich streng an die Charta von Venedig aus dem Jahr 1964, die für derlei Ergänzungen eine Gestaltung der Gegenwart fordert und sich rigoros gegen eine Stilreinheit wendet. Jochem Jourdan beauftragte deshalb Künstler, jene Raumdecken zu gestalten, von denen es keine Überlieferungen gab. Nicht nur in der Laube des Belvederchens, sondern auch im großen ehemaligen Lagerraum des Erdgeschosses, der nun Teil des Cafés ist. Udo Koch hat die Decke dort mit einer Akelei bemalt, die sich allmählich in Fraktale auflöst. Und für die Decken im neuen Treppenhaus schuf die Frankfurter Künstlerin Anna Kerstin Otto in nahezu minimalistischer Manier der Konkreten Kunst aus farbig gestrichenen Dachlatten chromatische Reliefs, die mit ihrem Strahlen und Leuchten die sinnenfreudige Farbigkeit der Außenfassade in den fensterlosen Raum holt.

Abraham van Hamel hatte nicht lange Freude an seinem Haus. Er starb 1623 während eines Kuraufenthalts in Wiesbaden, seine Frau, die vom Geschäft offenbar reichlich überfordert war, zwölf Jahre später während der Pestepidemie in Frankfurt. Es gibt Erblisten aus der Zeit, die den gesamten Hausstand auflisten. Auch mit ihnen hat sich Jochem Jourdan beschäftigt. »Ich

zeige Ihnen was«, sagte er, als wir wieder auf dem Platz vor dem Haus standen, einen Platz, den Abraham van Hamel nicht kannte, weil zwischen seinem Haus und dem Dom zu seiner Zeit eine weitere Häuserzeile stand, die andere Seite der Höllgasse. »Kommen Sie mit.«

Wir gingen um die Ecke, und weil es noch immer regnete, stellten wir uns im Haus Großer Rebstock im Eingang zur U-Bahn-Station unter. Dann deutete Jochem Jourdan auf die aufgerissenen Mäuler der goldenen Drachen am Ende der Wasserrinnen. »Laut dem Erbverzeichnis von 1635«, sagte er, »lagen drei Drachenköpfe auf dem Dachboden. Van Hamel war gestorben, bevor man sie am Haus angebracht hatte. Auch später passierte das nicht, und sie gingen irgendwann spurlos verloren.« Jochem Jourdan aber wollte auf sie nicht verzichten, auch wenn er sie nicht als Wasserspeier einsetzen durfte – aus Besorgnis der Baubehörde, es könnten sich im Winter Eiszapfen bilden, die abbrechen und womöglich Fußgänger verletzen.»Die Wetterfahne mit der Jahreszahl 1624 hat mich auf die Idee gebracht«, sagte er.»Sie wurde auch erst nach van Hamelns Tod aufs Dach gesetzt. Wir kennen sie aus einem Aquarell von Reiffenstein. Warum also nicht auch die Drachen anmontieren?«

Und woher stammt der Entwurf für die grausamen Köpfe der Ungeheuer, die sich weit über die Gasse recken und vom Nachmittag an in der Sonne glitzern?»Die habe ich mir ausgedacht, wenn auch mit ein paar Anleihen an historischen Beispielen«, sagte Jochem Jourdan,»und dann die Zeichnungen einem Schmied gegeben.« Er schmunzelte nicht dabei. Wie die ursprünglichen Drachen ausgesehen haben? Man weiß es nicht.

14

WIE FÜR NACHTWÄCHTER GESCHAFFEN –
Sehr spät abends unterwegs

Wenn der Kellner abends kurz vor elf auf dem Hühnermarkt abkassiert, sind nur noch die wenigsten Tische vorm Wirtshaus besetzt, und schon lange steht niemand mehr an den Fässern vor der Vinothek von Balthasar Ress. Die Gespräche sind verstummt. Und es bleibt auffallend leise, wenn sich die letzten Gäste auf den Heimweg machen. Kein Gelächter, wenn sie durch die Gassen gehen. Nirgendwo hört man eine Autotür zuschlagen. Nirgendwo wird ein Motor im Leerlauf hochgedreht. Auch das Wasser des Stoltze-Brunnen ist nun abgedreht und plätschert nicht mehr. Der Platz und die Gassen sind dann leer. Und still. So still, dass man Geräusche hört, die man dort vorher nie wahrgenommen hat.

Die Rolltreppe zur U-Bahn rattert unbenutzt vor sich hin. Der Fahrkartenautomat vibriert leicht und summt dabei, wird aber an diesem Abend wohl keine Karte mehr ausdrucken. Die Lüftung des Parkhauses brummt. Und der Tinnitus pfeift im Ohr. Als eine Straßenbahn durch die Braubachstraße fährt, scheint sie langsamer zu sein als tagsüber, und sie hält an der Haltestelle nicht mit kreischenden Bremsen an, vielmehr könnte man meinen, sie rolle einfach bis zum Stehenbleiben aus.

Es ist ein eigenartiges Erlebnis, das mit Stadt nichts zu tun hat, schon gar nichts mit Großstadt. Vielleicht ist Kleinstadt so, wenn abends die Bürgersteige hochgeklappt sind, wie man zu sagen pflegt. Bürgersteige gibt es in der Neuen Altstadt keine. Nur Sträßchen. Man schlendert auf Pflastersteinen aus Vietnam. Garantiert ohne Kinderarbeit produziert, heißt es, und so perfekt gelegt, dass kein Rollstuhl hoppelt und kein Blindenstock sich in einer Fuge verfängt.

Hell ist es. Gespenstisch hell. Wie eine Fackel ragt der Domturm über die Dächer und schickt aus schmalen Öffnungen sein Leuchten über die Stadt. Das Licht hier unten aber stammt von den gusseisernen Straßenlaternen, von denen vielleicht ein paar mehr an den Fassaden hängen, als es wirklich notwendig ist. Und es kommt aus den Schaufenstern, die allesamt beleuchtet sind für eine Kundschaft, die doch längst zu Hause ist oder anderswo unterwegs. Der Apotheker bewirbt hochverträglichen Sonnenschutz für die ganze Familie. Der Juwelier hat die Occasionen angestrahlt, schwere Goldringe von Bulgari, in denen der Schein der kleinen Leuchter gespiegelt aufblitzt. Bei Hoechster Porzellan steht Geschirr auf einem Tisch, dessen gläserne Beine man erst auf den zweiten Blick erkennt, weshalb es einen Moment lang aussieht, als schwebte die schwere Holzplatte in der Luft. In der Tagesbar blinkt an der Espressomaschine ein rotes Lämpchen in gleichmäßigem Takt.

Es ist ein Ort wie geschaffen für einen Nachtwächter, der hier ungestört, hoffentlich, seine Runden ziehen könnte. Er würde den Wirten kurz winken, die jetzt ihre Stühle umgedreht auf die Tische stellen und die Theke wischen. Aber vielleicht würde er auch nur im Vorbeigehen mit zwei Fingern an seinen Dreispitz tippen. Womöglich würde er vorm Stoltze-Museum stehen bleiben und zum ungezählten Male die Zitate aus der »Latern« lesen, von denen auf rührende Weise fast alle das Wort Licht enthalten. Und vor dem Laden für Kinderkleidung, von dessen Fenster aus

eine Gruppe Kuscheltiere den Platz beobachtet wie in Lauerstellung, würde er wie jeden Abend denken, dass sie nur darauf warteten, bis auch der allerletzte Spaziergänger verschwunden ist und sie ihr nachts heimlich geführtes Leben beginnen können. Im Höfchen mit dem Emaille-Schild »Privat« am Tor schaltete ihm ein Bewegungsmelder die Lampen an, sobald er das in den Angeln quietschende Tor aufgestoßen hat. Doch niemand schreckte das aus den Betten. Denn dieser Nachtwächter bewachte ein leeres Quartier.

Die Neue Altstadt sollte kein Ausgehviertel werden, sondern Lebensraum für die Anwohner. Der erste Teil des Plans ist aufgegangen. Aber von Anwohnern sieht und hört man nichts. Es sei gespenstisch gewesen, nachts durch die Gassen der Altstadt zu gehen, liest man in Texten aus dem neunzehnten Jahrhundert. Stockfinster sei es gewesen. Die Läden, Lager und Werkstätten im Erdgeschoss waren einfach nur schwarz. Verrammelte Wände. Undurchdringlich. Erst aus den kleinen Fenstern der Stockwerke darüber schimmerte ein wenig Licht. Das Flackern von Kerzen oder Öllampen.

Jetzt ist es umgekehrt. Jetzt leuchten die Erdgeschosse taghell. Und darüber gähnen finster die Fenster, ohne ein einziges Licht und ohne einen einzigen Fernsehapparat, dessen buntes Geflimmer von der Zimmerdecke reflektiert würde. Nein, es muss heißen: fast ohne ein einziges Licht. Denn ganz oben, hinter der Scheibe eines der beiden Zwerchhäuser über dem Hühnermarkt, brennt eine Lampe. Und es steht eine Person am Fenster und schaut hinab. Schaut auf den leeren Platz, auf den letzten Spaziergänger, der da um halb zwölf noch unterwegs ist. Schaut. Und schaut. Und bewegt sich nicht. Bis klar wird, dass es nur eine Puppe ist.

Vielleicht ist die Neue Altstadt der Ort in Frankfurt, an dem man in aller Ruhe begreifen kann, was Stille ist. Vielleicht hat Frankfurt einen solchen Platz gebraucht. Ich bin dort gern unterwegs, spät in der Nacht, nur für eine Runde, nur zum Schauen. Ein Bier bekommt man direkt um die Ecke. Auch später noch.

15

ALS STAMMTE ER AUS EINEM KINDERBUCH –
Der Hühnermarkt gleicht einem Wimmelbild

Solch ein Glück! Solch ein ungeheuerliches Glück. Denn man muss sich ja nur einmal vorstellen, wie das Areal zwischen Dom und Römer heute aussähe, hätte man zum Beispiel die Schirn abgerissen und die Fläche dort nach dem alten Katasterplan neu bebaut. Mit einem so engen Gassengewirr und solch zugepfropften Höfen, dass man hätte glauben können, riesige Planierraupen hätten dies alles dicht an dicht zusammengeschoben. Dazwischen kaum Luft zum Atmen, kaum Licht zum Sehen, und bei vielen Häusern nur an einer Seite Fenster, aus denen man tatsächlich herausschauen könnte. Die beiden dunklen, schmalen Durchgänge, die von der Gasse Hinter dem Lämmchen zur Braubachstraße führen und von der Neugasse zum Rebstockhof, die zugebaut sind bis weit über die Grenze dessen, was unter anderen Umständen baupolizeilich schon lange verboten wäre, vermitteln davon einen anschaulichen Eindruck und buchstabieren das Wort klaustrophobisch in der Formensprache einer außer Kontrolle geratenen Architektur. So wie dort hätte es überall ausgesehen. Doch in der Neuen Altstadt bleibt das Erdrückende die Ausnahme. Stattdessen ist der Hühnermarkt wieder auferstanden – und bewies sich augenblicklich als der schönste Platz, den Frankfurt besitzt.

Nun könnte man einwerfen, dass es dazu nicht viel braucht. Denn Frankfurt hat seit dem Krieg beim Anlegen von Plätzen eher selten ein glückliches Händchen gezeigt. Belege für das Versagen findet man nicht nur am Rand der Innenstadt mit Güterplatz, Baseler Platz oder Danziger Platz, Orte des Grauens alle miteinander. Auch in der Stadtmitte sieht es nicht besser aus. An dem langen, schmalen Korridor von Rathenauplatz, Goetheplatz und Rossmarkt haben sich Generationen von Planungsdezernenten die Zähne ausgebissen. Bahnhofsplatz, Theaterplatz und Hauptwache sind weit entfernt von jenem Ansehen und Aussehen, die man von solchen Plätzen erwarten darf, nein: muss. Die Abscheulichkeit der Konstabler Wache wird zumindest zweimal in der Woche von einem Bauernmarkt gnädig verdeckt. Zum Verweilen hingegen lädt ein, was sich auf Altes bezieht: Opernplatz, Römerberg und eben jetzt der Hühnermarkt, der nur zurückgekehrt ist, weil der historische Stadtplan es so vorgegeben hat.

Der Hühnermarkt sieht aus wie der Doppelseite eines Kinderbuchs entsprungen, und prompt steigen Phantomerinnerungen auf an eine Zeit, die man gar nicht erlebt hat. Es ist eine Kindheitsphantasie, geradeso, wie sie auch die Bauernhofbilder, auf denen Schweinchen sich lustig im Matsch wälzen, Ziegen über landwirtschaftliche Geräte klettern und der Hahn auf dem Misthaufen kräht, selbst bei denen bewirkt, die in der Großstadt aufgewachsen sind.

Als Puppenstube bezeichnen manche den Hühnermarkt und sprechen von Kulisse und Kulissenhaftigkeit. Doch was man sieht, ist echt und nicht als bemalte Fiberglasplatte an Gerüste geschraubt. Und es geht die Wirkung auch gar nicht allein von den herrlichen Fassaden aus, sonst müsste der Rebstockhof ebenfalls eine Kuschelecke sein. Sondern vom Ensemble. Von den Farben, den Formen, der Vielfalt der Stile, die hier aufeinandertreffen, ohne einander übertrumpfen zu wollen, sondern gemeinsam ein Gefühl von Harmonie vermitteln.

Am einen Eck eine Apotheke, am anderen ein Wirtshaus, in der Mitte ein Brunnen, in dem tagsüber das Wasser plätschert, ist der Hühnermarkt quasi der prototypische Platz einer deutschen Kleinstadt. Wie ein Referenzpunkt. Und man fragt sich, ob er mit seiner Mischung aus Barock, Klassizismus und einer zurückhaltenden Moderne heute nicht möglicherweise genauso aussehen würde, wenn es keinen Krieg und keine Bombennächte gegeben hätte. Manches alt, manches neu. Und dann fragt man sich, wie er in fünfzig oder hundert Jahren aussehen wird, wenn die Besitzer auf die Idee kommen sollten, kreativ zu werden. Die früheren Eigentümer der Häuser waren es ja auch und haben, als die Renaissance die Gotik ablöste und der Barock in seiner bescheidenen Frankfurter Ausrichtung wiederum die Renaissance, bei jeder Ausbesserung oder Vergrößerung den Zeitgeist gleich mit eingebaut. Denn Frankfurt war bis zum Krieg eben nicht die größte erhaltene gotische Stadt nördlich der Alpen, wie so gern behauptet wird, vielmehr wurde mit den kleinen Parzellen nur ihr gotischer Grundriss erhalten. Allenfalls die steinernen Erdgeschosse mit ihren mächtigen Bögen, hinter denen anfangs Lager- und Verkaufshallen, später kleine Geschäfte eingerichtet waren, überdauerten die Jahrhunderte. In den oberen Etagen hingegen wechselten die Stile, und im Lauf der Zeit änderte sich nicht nur die Ästhetik, es kamen auch immer mehr Fenster in die Fassaden, bis sie sich als Bänder von einer Ecke zur anderen zogen. Aber weil die Geschosshöhen differieren und auch die Traufhöhen der Häuser, weil die Gesimsbänder jäh am Nachbarhaus enden und jedes Dach eine andere Form hat mit jeweils anders gestalteten Gauben, aus einem sogar eine achteckige, zwei Stockwerke hohe Laterne her-

ausragt, bleibt jedes Gebäude eine Besonderheit, ein Individuum, und es wirkt, als hätten sie sich hier erst allmählich zusammengefunden. Noch kurz vor dem Krieg, in den dreißiger Jahren, wurde auf dem Hühnermarkt zwischen all den alten Gebäuden ein Neubau errichtet, der die Zeitgenossen wenig erfreut hat und den sie als Fremdkörper wahrgenommen haben. Er war im nüchternen, streng gliedernden Heimatschutzstil der Zeit entworfen, der sich eigentlich durch den Verzicht auf verzierende Attribute auszeichnet. Hier allerdings war der über drei Stockwerke reichende Erker von oben bis unten rot mit Szenen aus den Gedichten Friedrich Stoltzes bemalt – womöglich als Pendant zur Goethe-Gedenkstätte gegenüber und ganz bestimmt zum Stoltze-Brunnen gleich davor.

Der Brunnen stand seit 1895 auf dem Hühnermarkt. Er war bereits der dritte auf dem Platz. Mindestens. Die Stadtchronik weiß von einem Frydhofbrunnen, einem Ziehbrunnen, aus dem sich die Nachbarschaft seit dem vierzehnten Jahrhundert ihr Wasser holte, und in den im Februar 1696 eine Magd ihr neugeborenes Kind geworfen haben soll. Sie bezahlte das Verbrechen im Frühjahr darauf mit dem eigenen Tod, hingerichtet am 12. April. Solche Geschichte gibt es in jeder Stadt und vermutlich auch von vielen Brunnen. Ein Stich von 1738 zeigt ihn noch, im weiten Zirkel umzäunt und mit Brettern abgedeckt. Im Jahr 1759 wurde er durch einen Pumpenbrunnen ersetzt, der zugleich ein kleines Kunstwerk war: Auf seiner Sandsteinsäule stand die Figur einer Freiheitsgöttin. Da war der Freiheitskämpfer Stoltze ein würdiger Nachfolger.

Man kann sich leicht vorstellen, wie Mägde mit ihren Eimern und Krügen in weiten Kleidern mit riesigen Schürzen am Brunnen stehen und miteinander schwätzen. Von Stichen kennt man die Marktfrauen, die ihr spärliches Angebot an Eiern in Kisten und ihr Federvieh in engen Käfigen auf dem Boden anboten, während die wohlhabenderen Bürger stolzen Schrittes vorübergingen, ohne wahrzunehmen, wie es um sie herum flattert, gurrt und gackert. »Die Tauben, die man im Abendschein in Herden die sonnevergoldeten Wetterfahnen der Kirchtürme umschwingen sieht«, schrieb Bettina von Arnim, die »wie im Traum« über den Hühnermarkt spazierte, »waren hier in schmutzige Körbe eingesperrt, wo sie ihre reines Gefieder besudelten bei kargem Futter.« Und zugleich kann man sich ein Stoßen und Drängen von Käufern und Verkäufern vorstellen, »das Hin- und Herfluten von Menschenwogen«, das der Reisejournalist Edmond Texier Mitte des neunzehnten Jahrhunderts mit Staunen verfolgte. Man kann sich alles vorstellen, auf einem Platz wie diesem.

Der chinesische Fremdenführer mit seinem Fähnchen an der ausgefahrenen Stabantenne passt deshalb heute genauso gut dorthin wie die Kinder, die morgens, wenn es noch so gespenstisch leer ist wie die Szenen auf einem Gemälde de Chiricos, mit dem Fragebogen einer Altstadtrallye über den Platz hüpfen. Und wenn der Drehorgelspieler am Nachmittag sein Wägelchen vor der Tür des Hauses Esslinger geparkt hat und seiner Walze Evergreens entlockt, braucht es nicht viel Phantasie, sich auszumalen, dass Johanna Melber im oberen Stockwerk das Fenster öffnet, ihren Kopf, den jetzt ein Relief an der Fassade zeigt, aus dem Fenster streckt und ihm ein paar Münzen in Papier eingewickelt hinunterwirft. Sie führte unten im Haus gemeinsam mit ihrem Mann einen Laden. Und sie war Goethes Tante. Als sechsjähriger Bub hat er 1755 gemeinsam mit seiner Schwester die Monate bei ihr verbracht, in denen sein Vater das Haus im Großen Hirschgraben umbauen ließ. »Hier sahen wir nun dem Gewühl und Gedränge, in welches wir uns scheuten zu verlieren, sehr vergnüglich von den Fenstern zu«, erinnert er sich in *Dichtung und Wahrheit*. Es muss gewesen sein wie eine frühe Form des Fernsehens. Besonders gern wird von Tante Melber erzählt, dass sie bei der Kaiserkrönung so lange und so laut »Vivat« gerufen haben soll, bis sich der Kaiser ihr endlich zugewandt hat.

Wer vorm Wirtshaus sitzt und seine zwei, drei Apfelwein trinkt, hört die Anekdote gut und gern ein Dutzend Mal. Wie im Akkord werden die Gruppen vorbeigeschoben, und jeder Fremdenführer hat seine eigene Art, sie zu erzählen oder zu ergänzen. Bei dem einen lupft der Kaiser für Tante Melber sogar den Hut und verbeugt sich ein wenig. Bei einem anderen tippt er lässig mit zwei Fingern gegen die Krone. Und dann stellen die Besucher natürlich auch Fragen, meist sind es die gleichen. Warum heißt das Haus von Tante Melber ausgerechnet Esslinger? Es ist benannt nach Albertus de Esselingen, der in Akten von 1320 als erster Besitzer vermerkt ist. Und warum heißt das blau gestrichene Haus nebenan, das mit dem schönen dreieckigen Giebel und den geschweiften Ohren, Zur Flechte? Das weiß man nicht. Trotzdem antwortet einer der Stadtführer in trockenem Ton und ohne den Anflug eines Lächelns: »Man sagt, es habe im frühen neunzehnten Jahrhundert ein Dermatologe seine Praxis darin gehabt.«

Der Hühnermarkt ist ein Platz für alle Jahreszeiten. Im Frühling stehen die Gäste der Vinothek und die Kunden der Metzgerei auf der Seite des Platzes, an der ihn der Krönungswegs passiert, in den Strahlen einer milden Sonne, die vom Römer her wie ein Scheinwerfer den Domturm beleuchtet und deren Licht und erste Wärme dabei auch in die schmale Gasse hinunterfällt. Im Hochsommer, wenn es in der restlichen Innenstadt unerträglich heiß wird, kommt der Schatten gelegen, in dem der Platz einen Großteil des Tages liegt. Dann lässt es sich an den Tischen vor dem Café und dem Wirtshaus gut aushalten. Und wenn der Brunnen auch nur leise vor sich hin plätschert, spritzen die drei bronzenen Tauben doch eine Ahnung von Frische in die Schalen. Und er ist ein Platz für den Winter, wenn man drinnen sitzt. Dann schaut man auf die beleuchteten Fassaden der rekonstruierten Altstadtgebäude hinaus und auf den Brunnen, der im gelben Licht der schmiedeeisernen Laternen ein Gefühl von Beständigkeit vermittelt. Und plötzlich sieht der Hühnermarkt doch aus wie eine Puppenstube. Aber das ist in diesem Moment überhaupt nicht schlimm.

16

DER BART MUSS AB –
Zur Rasur bei Dennis Alt

Dennis Alt hat noch nie von *Penny Lane* gehört, dem Beatles-Hit aus dem Jahr 1967, womöglich ist er mit seinen dreiunddreißig Jahren dafür einfach zu jung. Dabei könnte man meinen, das Lied handele von genau seinem Geschäft. Wie John Lennon und Paul McCartney es in *Penny Lane* von dem Barbier in der heute berühmtesten Straße Liverpools erzählen, hat auch Dennis Alt Fotografien von all den Menschen aufgehängt, die er das Vergnügen hatte zu kennen. Männer, denen er den Bart gestutzt hat. Männer, denen er zu seiner Zeit als Maskenbildner beim Fernsehen das Haar richten durfte. Lauter kleine, bunte Bilder, jedes für sich gerahmt, füllen sie eine halbe Wand: von Jürgen Klopp und Axel Schulz bis David Garrett und Johannes B. Kerner. Und immer steht Dennis Alt neben ihnen. Und irgendwo zwischen all den Schnappschüssen, als einzige Frau, splitterfasernackt, bloß eine Nonnenhaube auf dem Kopf, das Model Micaela Schäfer, der er den makellosen Körper für »Laserpope« noch ein wenig mehr aufgehübscht hat. Die freilich hat in seiner Barbier-Stube nichts mehr zu suchen. Es werden nur noch Herren bedient. Dafür sitzt prompt ein Banker auf dem Sofa und wartet darauf, an die Reihe zu kommen – »waiting for a trim« heißt es in *Penny Lane* über einen seiner Kollegen. Und genau wie dort strecken unentwegt Personen den Kopf zur Tür herein, um hallo zu sagen. »Very Strange!«, enden zwei Strophen des Lieds – sehr seltsam.

Noch sind es eher Touristen als Kunden und Bekannte, die sich die Nasen an den Schaufensterscheiben plattdrücken und höflich anklopfen, um einzutreten. Sie erkundigen sich nach den Preisen, kichern verlegen, einige kaufen wenigstens eine Rasierseife und manche machen Fotos, weil die Barbier-Stube etwas ausstrahlt, das es sonst noch nirgendwo in der Neuen Altstadt gibt: eine Atmosphäre von Gemütlichkeit. Dort, wo rund um den neuentstandenen Hühnermarkt auch alles andere nigelnagelneu ist, dort sieht der Laden von Dennis Alt aus, als gebe es ihn schon immer. Das liegt an den Barbierstühlen, antik gekauft, der eine alt, der andere uralt mit einer Nackenstütze, aus der für jeden Kunden neu ein halber Meter Krepppapier gezogen wird, damit er seinen Kopf nicht in die Pomade des vorangegangenen Kunden legen muss. Das liegt an den Kacheln über dem Waschbecken, die aussehen, als seien sie Reste der Raumgestaltung eines früheren Besitzers. Es liegt an dem handgefertigten Bedienschrank um zwei riesige Spiegel herum, dem ein Rödelheimer Schreiner die Ästhetik des Gelsenkirchner Barocks verpasst hat. Es liegt am Krusch, der schon jetzt sich angesammelt hat, und an dem Stapel Zeitungen hinter der Theke, der älter aussieht, als es das Datum der Neueröffnung zulässt.

Über dem Sofa hängt ausgestopft der Kopf eines Wildschweins, dessen Herkunft zu pikant sei, um darüber zu sprechen. Sagt Dennis Alt. Und an der gegenüberliegenden Wand ein Stich nach einem Bild von Frederick Barnard, dem englischen Karikaturisten und Genremaler aus der Zeit von Charles Dickens. Er zeigt sechs Kunden in der kleinen Stube eines Barbiers, die lässig beieinandersitzen, plaudern und ihre Witze machen. Es ist das Bild, das Dennis Alt für seinen Laden im Kopf hat. Deshalb die Espressomaschine, deshalb der Whiskey im Regal und der Champagner

im Kühlschrank. Und deshalb die Zigarren, die als achter Posten auf seiner Preisliste stehen. Eine Cuba für zwölf Euro. Billiger ist nur das Haarewaschen. Die echte Rasur kostet sechsunddreißig Euro. »Männer«, sagt Dennis Alt, »sollten sich endlich an Preise gewöhnen, die Frauen beim Friseur schon immer bezahlen.«

Ich hatte mir einen Bart wachsen lassen, zwei Monate lang, und sah bereits einigermaßen verwegen aus, als ich meinen ersten Termin bei Dennis Alt hatte, und nun wollte ich wieder unter Menschen treten können. »Alles weg«, sagte ich. Und hatte mir schon ausgemalt, wie die Prozedur vonstatten gehen würde: Schaumaufschlagen mit dem Dachshaarpinsel, dann Minzcreme auf die Haut, ein heißer Wickel, damit die Haare weich werden und die Poren sich öffnen, dann der Schaum, anschließend zweimal mit dem Messer über Wangen, Hals und Kinn. Danach ein zweiter Wickel, diesmal kalt, damit die Poren sich wieder schließen und es keine Pickel gibt. Und am Ende ein Aftershave aus einer kaum überschaubaren Batterie von Fläschchen. Mehr als zwanzig sind es, deren Düfte Dennis Alt alle auseinanderhalten kann und unter denen er für jeden Kunden den richtigen findet. »Dieses hier«, sagt er und deutet auf ein Etikett, »riecht so, wie ein Hawaii-Hemd aussieht.« Das ist dann schon sehr speziell. Rasieren ist eine Wissenschaft.

Dennis Alt hat sie bei seinem Vater gelernt, in dessen Salon am Eschenheimer Turm. Seinen ersten eigenen Salon hatte er im Frankfurter Stadtteil Rödelheim. In die Neue Altstadt umzuziehen hat ihm schon deshalb gefallen, weil seine Ururgroßeltern hier gewohnt haben und sein Ururgroßvater in den zwanziger Jahren die Glocken im Dom geläutet hat. »Damals war das hier ein Stadtteil«, sagt er, »heute ist es wieder die Innenstadt.« Und entsprechend vielfältig sei seine Kundschaft. Sie kommt aus der

Welt der Kreativen. Aus der Welt der Finanzen. Aber es sind auch Angestellte aus den Büros von gegenüber. Seit Bärte wieder populär sind und man selbst in Vorstandsetagen Bart tragen darf, wird der Barbier zum Männertreffpunkt. Da wird viel geredet. Und viel diskutiert. Und manche kommen, weil sie ein Problem jenseits des Haarwuchses gelöst haben wollen. In seinen alten Laden in Rödelheim sei jetzt eine Psychologin eingezogen, sagt er. »Irgendwie dasselbe, bloß eben ohne Haareschneiden.«

Wer es eilig hat, wird nie Stammkunde bei ihm werden. Und wer Stammkunde ist, verabredet die nächsten Termine auf Wochen im Voraus. Der Besuch bei ihm ist wie ein Ritual, zu dem das Pendel einer Wanduhr mit seinem beschaulichen Tempo den Takt vorgibt.

»Alles weg«, hatte ich also gesagt. Aber Dennis Alt schüttelte nur den Kopf. Den bringe er in Form, sagte er, und damit auch gleich das Gesicht. Denn das sei doch das Schöne am Bart, dass sich darunter kleine Makel verbergen ließen. Dann nahm er Kamm und Schere in die Hände – und sich sehr viel Zeit. »Es gibt immer noch ein Haar, das man abschneiden kann«, sagte er und untersuchte den Bart mit einer Sorgfalt, die kein englischer Gärtner für seinen Rasen aufbringt. Einen Wickel bekam ich auch. Und später Talkum in den Bart, den Dennis Alt mit dem Föhn in Form brachte. Ich fühlte mich wie im Spa. Im Hintergrund lief leise Jazz von Louis Armstrong. Viel älter als die Beatles, dachte ich. Sagte es aber nicht.

17

NEIN, DAS IST NICHT MAO ZEDONG –
Der Mundartdichter und Rebell Friedrich Stoltze

Es liegt am Bart, dass sich jeden Morgen kleine Gruppen von Chinesen bei ihrem Bummel durch die Altstadt vorm Stoltze-Brunnen fotografieren lassen oder allein und konzentriert für Selfies posieren. An dem Rauschebart eines Mannes, der auf dem Hühnermarkt so ernst von der Säule des Brunnens aus in die Ferne schaut, als suche er dort etwas oder rechne mit einem Zeichen, das ihm der Himmel schickt. Aber es ist nicht Karl Marx. Auch wenn die Besucher aus Asien das noch so gerne hätten und allesamt desinteressiert abwinken, wenn man ihnen zu erklären versucht, dass es sich um Friedrich Stoltze handelt. Allerdings hat der Bart insofern mit Karl Marx zu tun, als Stoltze ihn als ein Zeichen für seine revolutionäre Gesinnung trug. Auch er war ein Kämpfer. Bis an die Grenze der Revolution. Und ein paar Mal darüber hinaus. Was von den Frankfurtern bisweilen vergessen wird. Sie lieben ihn als Mundartdichter. »Es is kää Stadt uff der weite Welt/Die so merr wie mei Frankfort gefällt«, beginnt sein berühmtestes Gedicht. Und es wird wohl Theodor Heuss durch den Kopf gegangen sein, dem ersten Bundespräsidenten der jungen Bundesrepublik, als er 1959 in der Paulskirche sagte: »Immer wenn ich hier war, spürte ich beides: Weite einer Weltgesinnung und Nähe eines Heimatgefühls, Goethe und Friedrich Stoltze.« So lokalpatriotisch beschränkt allerdings, wie die Fortsetzung seines Gedichts *Frankfurt* einen denken lassen könnte, waren Stoltzes Gedanken gar nicht: »Un es will merr net in mein Kopp enei:/ Wie kann nor e Mensch net von Frankfort sei!«

Friedrich Stoltze kam am 21. November 1816 im Gasthof Zum Rebstock zur Welt, nur einen Steinwurf vom Hühnermarkt entfernt, auf dem am 2. November 1895 sein von Friedrich Schierholz entworfenes und von Fritz Klimsch ausgeführtes Denkmal enthüllt wurde, viereinhalb Jahre nach seinem Tod, und an dem es heute wieder steht, nachdem es die Bombenangriffe im März 1944 auf wundersame Weise völlig unbeschadet überstanden hat. Auf einer berühmt gewordenen Fotografie sieht man es artig umzäunt zwischen lauter Trümmern und Ruinen aufragen. Wie ein Monument des Trotzes. Ohne eine einzige Schramme. Und spritzt auch aus den Schnäbeln der Täubchen kein Wasser mehr, so breiten sie doch unverletzt ihre spitzen Flügel aus. Leicht hätte man es als Monument des Friedens verstehen können. Wogegen Stoltze nichts einzuwenden gehabt hätte. Den Krieg hatte er in Zeiten nationaler Selbstberauschung mit kalter Präzision definiert als ein »Buch, das uns mit jedem Blatte/Nur roher, schlechter, dümmer macht«. Schon früh war auf manchen Ansichtskarten der Hühnermarkt sogar als Stoltzeplätzchen bezeichnet worden. Und als der Architekt Karl Olsson in den dreißiger Jahren des zwanzigsten Jahrhunderts einen Neubau in die östliche Häuserzeile schob, erzählten lebensgroße Bilder entlang der Fassade und einem dreigeschossigen Erker Momente aus Stoltzes Biographie. Aber das wurde bei der Rekonstruktion der Gebäude am Hühnermarkt leider nicht berücksichtigt.

Stoltzes Vater war seit 1813 Pächter der Gaststätte Zum Rebstock und hat sicher seinen Teil dazu beigetragen, dass der Gasthof zu einem Treffpunkt liberal gesinnter Bürger wurde. Früh kam Stoltze deshalb in Kontakt mit der demokratischen Bewegung des

Vormärz, und als der Rebstock 1830 Zufluchtsort für Exilpolen war, erlebte er als Kind Hausdurchsuchungen und Verhaftungen. »Dort auf dem Arm – als kleines Bübchen – nahm mich die Göttin Freiheit schon«, würde er später dichten. »Trug singend mich herum im Stübchen, und ich behielt des Liedes Ton.« Als ihn der Vater im Jahr 1832 mit zum Hambacher Fest nahm, dessen Teilnehmer nationale Einheit, Freiheit und Volkssouveränität forderten, lernte er dort Ludwig Börne kennen. Auch dessen Gedankengut fand seinen Weg in Stoltzes Ideen. Wie sehr überhaupt die ganze Familie entflammt war von der Vision eines demokratischen Deutschlands und der Idee, dass von Frankfurt aus, dem Sitz des Deutschen Bundes, der revolutionäre Funke auf den Rest des Landes überspringe, zeigt sich nicht zuletzt im Engagement seiner Schwester, neben ihm die Einzige unter sieben Geschwistern, die die Kindheit überlebte. Sie wurde nach dem Frankfurter Wachensturm 1833 zu einer Geldstrafe verurteilt, weil sie am Begräbnis eines gefallenen Aufständischen teilgenommen hatte. Und wenig später zu einer vierwöchigen Haftstrafe, nachdem sie versucht hatte, einem inhaftiertem Burschenschafter Werkzeug für dessen Ausbruch ins Gefängnis zu schmuggeln.

Der Vater hatte für Friedrich Stoltze eine Zukunft in einem kaufmännischen Beruf vorgesehen und ihn 1831 bei einem Kaufmann Melchior am Fahrtor in die Lehre geschickt. Doch der einzige Nutzen, den der Sohn daraus zog, war die Bekanntschaft mit Marianne von Willemer, die im selben Haus wie Melchior wohnte. Goethe hatte sie im *West-Östlichen Diwan* als seine Suleika verewigt. Und Stoltze muss ihr seine ersten Gedichte zum Lesen gegeben haben, darunter womöglich seine an Goethes frühem Werk orientierte Naturlyrik, die sein Schullehrer noch als »abscheuliche Spinozerei« abgetan hatte, von der sie aber so begeistert war,

dass sie ihm Mut machte, eine Karriere als Dichter einzuschlagen. Doch auch nachdem der Vater gestorben war und die Mutter das Lokal aufgeben musste, blieb Stoltze zunächst dem ungeliebten Beruf treu und setzte die Ausbildung in Paris und Lyon fort. Das Schreiben aber gab er nicht auf. Sein *Bundeslied der Deutschen in Lyon*, das er zum Stiftungsfest des dortigen Gesangsvereins dichtete, wurde sogar von Felix Mendelssohn Bartholdy vertont. Und 1841 erschien endlich sein erster Band mit Gedichten. Das Buch brachte ihm eine Stellung als Hauslehrer bei dem Kaufmann Marquard Georg Seufferheld ein, und diese wiederum ein Studium der Pädagogik in Jena, nachdem Seufferheld den Plan entwickelte, in Frankfurt Friedrich Fröbels pädagogisches Konzept des Kindergartens einzuführen. Dennoch verlief Stoltzes Leben weiterhin in eher ungelenkten Bahnen. Aus der Affäre mit einer Frankfurter Bürgerstochter entstammte der 1842 unehelich geborene Sohn Carl Adolph, zu dem Stoltze – nach dem Tod der Mutter nur ein Jahr darauf – lange Zeit kaum Kontakt hatte. Erst 1864 nahm der Junge den Nachnamen des Vaters an, später wurde er als Dramatiker bekannt.

Wie wenig Stoltze sich um Konventionen scherte, zeigte sich auch in seiner zweiten Liebschaft, der Beziehung zur katholischen Steindeckertochter Marie Messenzehl, mit der er zwei Kinder hatte, bevor die beiden, sie zum dritten Mal schwanger, 1849 heirateten – die Trauung in der Katharinenkirche soll die erste mit dem Segen der evangelischen Kirche geschlossene Mischehe in Frankfurt gewesen sein. Stoltze betrachtete sich als einen »lutherischen Dickschädel« und ahnte, dass der Herrgott davon nicht erbaut sei, »denn Gott ist streng katholisch«. Gesegnet war die Ehe trotzdem. Acht Kinder folgten noch bis 1861, vier von ihnen starben allerdings im Kindesalter.

Es waren unruhige Zeiten. Die deutsche Revolution 1848 und die deutsche Nationalversammlung in der Paulskirche hatten ihre Spuren in Frankfurt hinterlassen. Im Spätsommer kam es zu den sogenannten Septemberunruhen, und nach schweren Barrikadenkämpfen wurde der Ausnahmezustand über die Stadt verhängt. Stoltze war enttäuscht vom Scheitern der Reichsverfassung und konnte von den Aufständen in der Pfalz, wohin er als »Kriegsberichterstatter« gereist war, nur von Misserfolgen der Oppositionellen berichten. Noch war er nur Mitarbeiter von Zeitungen, aber von 1852 an wurde er mit der unregelmäßig erscheinenden *Frankfurter Krebbel- und Warme Broedscher Zeitung* endlich sein eigener Verleger. Sie war ein sensationeller Erfolg. Gleich am ersten Tag sollen zehntausend Exemplare verkauft worden sein. Es war Stoltze gelungen, politische Kritik mit Humor und Mundart an den Zensurbehörden vorbeizuschmuggeln. Vierundvierzig Ausgaben erschienen bis 1879. Aber während sich Frankfurt tolerant zeigte, wurde Stoltze seiner Zeitung wegen in Hessen und Kurhessen steckbrieflich gesucht. Seine sprichwörtliche Liebe zu Frankfurt mag deshalb auch damit zu tun gehabt haben, dass ihm die Stadt einen sicheren Hafen bot.

Gemeinsam mit dem Maler und Zeichner Ernst Schalck, der schon am Konzept der *Krebbel-Zeitung* beteiligt war, gründete er 1860 die satirische Zeitschrift *Frankfurter Latern*, die immerhin noch zwei Jahre über seinen Tod hinaus erschien, bis 1893. Einer ihrer Zeichner war Wilhelm Busch. Stoltze und Schalck hatten sich am *Kladderadatsch* aus Berlin orientiert, ihr Lieblingsgegner wurde im Laufe der Zeit der Ministerpräsident und spätere Reichskanzler Bismarck, vor allem nachdem Frankfurt 1866 von den Preußen annektiert worden war und seine Unabhängigkeit verlor. Nun wurde es komplizierter, die Zensur zu umgehen.

Fünf Jahre war die *Latern* komplett verboten. Und für einige Zeit brachte sich Stoltze in Stuttgart und der Schweiz in Sicherheit. Kehrte aber nach einer Amnestie schon bald zurück und machte sich augenblicklich an eine neue Zeitung, *Der wahre Jacob*, die im Lauf von fünf Jahren zweiunddreißig Mal erschien. Von Januar 1872 an publizierte Stoltze wieder die *Frankfurter Latern*. Aber noch 1883 dichtete er »Was einen großen Kanzler quält/Zu wissen das, ist Brauch nicht;/Dagegen, was dem Volke fehlt,/Das weiß der Kanzler – auch nicht.«

Fern einer Parteizugehörigkeit kämpfte Friedrich Stoltze gegen Fürsten und Monarchen und für Demokratie sowie die nationale Einheit innerhalb einer republikanischen Staatsform. Seine Zeitungen waren sein Sprachrohr. In seinen Gedichten fand sich sein Programm: »Freiheit, du mein Losungswort«, »Im Hochgefühl einer freien Seele« oder schlicht »Ein freier Mann«, in dem es heißt: »Euch neid' ich nicht, ihr armen Toren/Die ihr vor einem Throne kreucht!/Ich bin ein freier Mann geboren/Und habe nie mein Haupt gebeugt.«

Wie beliebt Friedrich Stoltze in der Stadt durch seine politischen Sticheleien und seine humoristischen Stückchen in Mundart war, zeigte sich, als ihm Mitte der achtziger Jahre des neunzehnten Jahrhunderts die Post einen Brief zustellte, der adressiert war »An den populärsten Mann Frankfurts«. Und es zeigte sich wenige Jahre später bei seiner Beerdigung, als Tausende und Abertausende seinem Sarg folgten. »Nicht ein Bruchteil, eine Schicht oder eine Klasse der Bevölkerung, es war die Stadt, die einen der Besten und Bravsten, die ihr Boden hervorgebracht, zur Ruhe bestattete«, notierte ein Zeitzeuge.

Auf seinem Grabstein steht, was er einst für seinen früh verstorbenen Sohn gedichtet hat: »Nicht alle sind tot, deren Hügel sich hebt! Wir lieben, und was wir geliebet, das lebt. Das lebt, bis uns selber das Leben zerrinnt. Nicht alle sind tot, die begraben sind.« Dies Grab, sein berühmtestes Verspaar an einer Hauswand im Frankfurter Westend, eine Straße in der Innenstadt, die nach ihm benannt ist – und sein Denkmal auf dem Hühnermarkt. Es gibt Erinnerungsorte genug in Frankfurt, um zu verhindern, dass er vergessen wird. Jetzt muss man nur noch den Touristen aus Asien erklären, wer er war. Das könnte die Aufgabe des Museums in der Neuen Altstadt sein. Doch sind die langen Texte an den Wänden und die arg knappen Beschriftungen neben Möbeln und Büsten, Gemälden und Fotografien allesamt nur deutsch. Hochdeutsch, immerhin. Und irgendwie auch: Leider!

18

LAUTER PREZIOSEN IM NEUEN PARADIES –
Ein Juwelier hat sein Schatzkästlein gefunden

Unter den Neubauten der Neuen Altstadt sieht ausgerechnet das Haus mit Namen »Neues Paradies« am ältesten aus, das Haus an der Ecke von Krönungsweg und Hühnermarkt. Auf einem Sandsteinsockel mit vier Fenstern und zwei Türen sitzen drei vorspringende, komplett mit Schiefer verkleidete Etagen und ein Satteldach so spitz, dass jeder Drahtseilartist es als Herausforderung begreifen muss. Kein Wunder, wenn einem das Bild des somnambulen Cesare in den Sinn kommt, der im Stummfilm *Das Cabinet des Dr. Caligari* einen leblosen Frauenkörper über die Simse einer wild-expressionistischen Dachlandschaft schleppt. Zumal auch der Entwurf dieses Hauses, wie damals die Architektur für die Dreharbeiten im Atelier, dem Skizzenblock eines expressionistischen Künstlers entnommen scheint. Jedes Stockwerk haben die Architekten Johannes Götz und Guido Lohmann in einer je eigenen Rhythmisierung gefaltet, in der die Wand im Zickzack nach vorne und hinten springt. An der Hausecke knickt sie scharf ein, und einzig unter den Brüstungen der ochsenblutrot gestrichenen Fensterrahmen verliert sie sich für ein kurzes Stück in weichen Konturen, bevor sie in skalpellscharfen Lisenen ein jähes Ende findet.

Schaut man zu lange hin, beginnt der Boden zu schwanken. Das Vor- und Zurückspringen der Fassade bietet dem Auge keinen Halt, dazu kommt das Schuppengeflecht, in dessen Grau und

Schwarz, Blaugrau und Anthrazit sich das Licht der Sonne an jeder Stelle anders bricht. An besonders hellen Tagen fehlt nicht viel, und man sieht nur noch flirrende Punkte. Dann gleicht das Haus einem Paillettenkleid, und man könnte sich fragen, ob nicht vielleicht ein Körper darin steckt, der gleich beginnt, sich zu einer unhörbaren Melodie sanft zu wiegen.

Mehr Schiefer war nie. Es sind Zehntausende von Platten, jede in Handarbeit zugerichtet und in sogenannter Altdeutscher Deckung übereinandergelegt, so also, dass sie zum First hin immer kleiner werden, wodurch das Haus noch höher und schlanker erscheint. In diesem Gebäude liegen Moderne und historische Ästhetik einander in den Armen. Und das Handwerk ist hier nicht mehr weit von der Kunst entfernt. Auch die Knicke in der Fassade treten durch die Anordnung der Schieferplatten deutlicher hervor. Inspiriert zu den markanten Falten wurden die Architekten angeblich von der Diamantquaderung des Sockels der Goldenen Waage, des Eckhauses schräg gegenüber, so zumindest will es Marc Stabernack irgendwo aufgeschnappt haben, und die, jetzt nimmt er beim Erzählen Tempo auf, sei ja wiederum angelehnt an die bossierte Fassade des Palazzi dei Diamanti in Ferrara. Dann macht er eine Pause, bevor er das Wort »Diamanten!« zum dritten Mal ausspricht. Voller Begeisterung. Und er schüttelt leicht den Kopf, als könne er es selbst nicht glauben. »Das ist doch einfach zu schön. Was, bitte, hätte ich mir mehr wünschen können?«

Marc Stabernack ist der Inhaber des Juweliergeschäfts im Erdgeschoss des Neuen Paradieses. Über dem Schaufenster steht in Frakturschrift »Friedrich«, nach Karl Friedrich, der das Frankfurter Familienunternehmen 1947 gegründet hat und ihm zu solchem Renommee verhalf, dass Barbra Streisand nach einer Deutschlandreise in einer amerikanischen Talk-Show auf die Frage, was

ihr dort am besten gefallen habe, geantwortet haben soll: »Die Juwelen bei Friedrich.« Marc Stabernack hat die Firma 2010 von den Friedrichs übernommen. Deren Adresse in der Goethestraße hat er aufgegeben zugunsten eines neuen Verkaufsgeschäfts samt großer Werkstatt mit zehn Goldschmieden nahe der Alten Oper – und eben der kleinen Dependance in der Neuen Altstadt.

Als er den Raum am Hühnermarkt, gerade einmal vierzig Quadratmeter groß, angemietet hat, sei der nicht mehr als »ein leeres Betongehäuse« gewesen. Kahle Wände, nackter Boden. Dazu überall Kabel, die wie aus dem Nichts auftauchten und in der Luft baumelten. Mit den Fenstern gab es einen Moment lang Probleme, weil sich die Ansprüche der Versicherung nicht auf Anhieb mit denen der Bauverordnung vereinbaren ließen. Keine Probleme gab es beim Fußboden. Marc Stabernack hat sich für ein vornehm dezentes Muster aus vier- und achteckigen Kacheln entschieden, und prompt hätten ihn Kunden gefragt, ob die Kacheln schon immer dort gelegen hätten. »Schon immer!« Wiederum schüttelt er den Kopf. »Ein Schon-immer gibt es in der Neuen Altstadt nicht.« Dabei drängt sich die Frage angesichts der Holzvertäfelung, die sich über die gesamte Rückwand des Geschäfts zieht, gleich noch einmal auf. »Achtzehntes Jahrhundert. Französisches Rokoko. Vermutlich war es ein Alkoven«, sagt Marc Stabernack mit einer befremdlichen Selbstverständlichkeit, muss dann aber selbst ein wenig grinsen, als er anfügt: »Ich hatte sie in der Garage stehen. Ich sammle solche Dinge.«

So perfekt fügt sich die historische Paneele von Wand zu Wand in den Raum, als sei sie eigens dafür entworfen worden, mit all den verspielten Appliken, Wulsten und Finialen, mit den verglasten Türen und deren Fensterkreuzen, mit den geschwungenen Gittern und den geschnitzten Bögen, die in kleinen Muscheln enden. Es ist ein geradezu inflationärer Umgang mit dem Ornament, und dann sind in die Türen noch zwei Allegorien gemalt, für den Herbst und für den Frühling, und weil die Bilder aus dem Rokoko stammen, befreit eine junge Frau auf einem der Bilder nicht nur ein Vögelchen aus einem Käfig, sondern auch sich selbst vom allzu hoch geschnürten Kleid. Was Marc Stabernack nicht davon abhält, zu behaupten, sich bewusst für eine zeitlose Einrichtung entschieden zu haben: Damit er sie mit zeitgenössischer Frische überziehen kann. Frische, das meint bei ihm, was die meisten wohl als Pfefferminzgrün bezeichnen würden, was er hingegen streng beim Namen nennt: »Arsenic. Von Farrow and Bowl.« Der Farbton entspricht dem eines oxidierten Kupferdachs und passt ganz wunderbar zu Gold. Das kann bei einem Juwelier nicht schaden.

Aber auch eine solche Wand kann in der Altstadt nicht schaden. Denn sie tritt mit all den Verzierungen geradezu in einen Dialog mit dem Muschelwerk und den Kragsteinen, den Spitzbogenarkaden und selbst dem Sichtfachwerk an den Gebäuden drum herum. Deshalb ist es auch kein Zufall, dass Marc Stabernack in dem kleinen Laden am Hühnermarkt zum größeren Teil historischen Schmuck verkauft. Oder zumindest anbietet. Alte Stücke mit Geschichte. So wie die kleine Armbanduhr mit knapp dreißig Brillanten im Armband aus Platin und dem kleinsten mechanischen Uhrwerk der Welt. Ein solch filigranes Stück von Jaeger le Coultre trug Königin Elisabeth II. 1953 bei ihrer Krönung. Was im Schaufenster zum Markt hin mit einer kleinen Schwarzweißfotografie belegt wird – also zum Krönungsweg hin, und man tut Marc Stabernack sicher kein Unrecht, wenn man sich sein Augenzwinkern dazudenkt. »Preis auf Anfrage« steht über dem Bild.

Marc Stabernack ist studierter Betriebswirt. Und ausgebildeter Gemmologe. Seine Liebe zu den Steinen kann er zurückverfolgen bis zu Reisen mit den Eltern, von denen er etwa Labradorit aus Skandinavien mit nach Hause brachte. Goldschmied ist er nicht. Aber die Erinnerung an die Ferien in der Kindheit spinnt er prompt weiter zum Entwurf einer Kette mit diesem Stein, lauter Kugeln, deren altblauer Schimmer ganz wunderbar aussehen müsste, wie er improvisiert, auf einem grauen Kaschmirpullover. Im Winter, fügt er noch an. »Das ist Winterschmuck.« Und schon hinter nur diesen drei Wörtern erschließt sich eine ganze Schmuckphilosophie.

Schmuck muss passen, sagt Marc Stabernack. Zum Anlass, zur Jahreszeit, zur Frau. Deshalb könne man Schmuck nicht von der Stange kaufen. Und deshalb gibt es in seinem Geschäft fast nur Unikate. Abgestimmt auf die Person, die ihn tragen soll, gemeinsam besprochen, entworfen. Vielleicht sogar erarbeitet. Schmuck zu tragen und wertzuschätzen bedürfe nicht nur Haltung, sondern auch Bildung. Nur wer Dinge versteht, könne sie schätzen. Schmuck sei eine Möglichkeit, den Alltag zu verfeinern, sei ein Ausdruck von Kultur. Und dann muss er noch einen Seitenhieb loswerden: »Wenn der Schmuck, den ein Mann seiner Frau schenkt, billiger ist als die Felgen für seinen Porsche Cayenne, dann stimmt etwas nicht.«

Marc Stabernack setzt die von den Friedrichs begonnene Linie behutsam fort. Er sei kein Revolutionär, sagt er, sondern ein Evolutionär. Was ihm wichtig ist, sind Farben. Obwohl er Sachverständiger für Diamanten ist. »Natürlich, selten, schön«, sagt er, »sind die Maßstäbe für die Bewertung eines Steins. Dasselbe gilt auch für den Schmuck.« Deshalb hat er Freude an Farben und an ungewöhnlichem Material. Rubine und Turmaline auf Kautschuk, Holz oder Titan. Das sind so seine Vorstellungen von hochwertigem Individualschmuck. Oder ein großer Opal in einem Armband aus korallenroter Keramik. »Warum sich nicht einmal an Modeschmuck orientieren?«, fragt er. »Aber dann ganz edles Material verwenden.« Das braucht Phantasie. Und Mut. Und es braucht Zeit in der Fertigung, weshalb eine Kundin schon mal zwei, drei Monate warten muss. Und die Preise? Das Teuerste in seiner Kollektion sei ein Armreif aus Hunderten von Edelsteinen und Diamanten gewesen zu einer Viertelmillion Euro. »Teurer wird's nicht.« Von Wertanlage mag Marc Stabernack trotzdem nicht sprechen. Er spricht von »werthaltigem Konsum«.

Und die Kunden? Ja, sagt er, es gebe einen neuen Kundenkreis durch die Neue Altstadt. Frankfurter, die sein anderes Geschäft nicht kennen und nun aus Neugierde hineinschauen. Touristen, die irgendwo aus Deutschland kommen. Aber auch Besucher aus Asien. Vor allem chinesische Individualtouristen zeigten eine verblüffende Kennerschaft. »Bei Burmesischer Jade werden sie schwach. Und bei uns kennt sie kein Mensch.« Und dann freut er sich über solche Kunden, mit denen er über die Ware fachsimpeln kann. Die sich nicht in den Duty-Free-Meilen an Markennamen orientieren, dort, wo der schnelle, demonstrative Konsum gesucht wird und die Kunden glauben, der berühmten Namen wegen nichts falsch machen zu können.

Die Altstadt, sagt Marc Stabernack, mache gute Laune. Sie verbreite mit ihrer aus den Stilmitteln von Jahrhunderten zusammengesetzten Gassen und Plätzen ein Gefühl des Wohlseins. Es ist fast so, als begreife man erst hier, dass wir uns längst unbewusst einen Kanon angeeignet haben, der bestimmt, was schön ist. Oder eben, was wir als schön empfinden. Da fügt sich sein historischer Schmuck ganz wunderbar ein. Ebenso gut wie »Friedrich« könnte das Wort »Sehnsucht« über den Schaufensterscheiben stehen.

NACHWORT

Man kann es nicht oft genug sagen: Das Areal der Neuen Altstadt entspricht der Größe eines Fußballfeldes. Viel mehr ist es nicht. Und das muss man im Kopf haben, wenn man über sie spricht. Es ist kein Stadtteil entstanden. Kein neues Revier. Es hat einfach nur ein einziges monströses Gebäude Platz gemacht für fünfunddreißig kleine Häuser, die so eng beieinanderstehen, dass das Ensemble baupolizeilich überhaupt nur deshalb genehmigt werden konnte, weil es im Bauantrag wiederum als ein einziges Gebäude beschrieben ist. Etwa so, wie wenn auf der grünen Wiese ein Einkaufszentrum entsteht, das später »Village« genannt wird, ohne wirklich ein Dorf zu sein. Vielleicht auch deshalb schien es nicht unangebracht, dass die Neue Altstadt mit Festreden, Aufführungen und Musik im September 2018 zwei Tage lang offiziell eröffnet wurde, obwohl die Bauzäune zu der Zeit schon eine ganze Weile verschwunden waren und jeder, der wollte, sich hatte umschauen können. Der Bau, der vier Jahre dauerte und etwa zweihundert Millionen Euro gekostet hat, wurde von der eigens gegründeten Dom-Römer-GmbH überwacht. Und jetzt verwaltet sie das Areal wie eine große Immobilie. Zuständig ist sie unter anderem dafür, dass die mehr als zwanzig Läden, Cafés und Restaurants an die richtigen Pächter vermietet werden, damit das Quartier gut besucht wird. Sorgen, die sich niemand machen muss. Die Zahl von drei Millionen Besuchern im Jahr strebt das Tourismusamt an. Bisweilen kann man den Eindruck gewinnen, sie seien schon da – und alle am selben Tag.

Dennoch ist Frankfurt mit der Neuen Altstadt ein Wagnis

eingegangen. In einer Stadt, die ihre Identität nicht zuletzt aus der ständigen Veränderung bezieht und die in der Wahl ihrer Architektur allzu gerne nach vorne schaut, sich modern gibt oder wenigstens zeitgemäß und in gewisser Weise noch immer mit dem Monströsen kokettiert, auch wenn dabei etliches erheblich schiefgeht, manchmal nur Ecken wie das Luxus-Ensemble MainTor, manchmal ganze Stadtteile wie jüngst das neue Europa-Viertel, in einer solchen Stadt also kam der Wunsch nach einer Rückkehr zu Verlorengeglaubtem und leichtherzig Verlorengegebenem fast einem Offenbarungseid gleich. Allemal einem Misstrauensantrag gegenüber der zeitgenössischen Architektur. Entsprechend heftig fielen manche Kommentare aus, als 2006 die aufkeimende Vision einer Rekonstruktion des alten Gassenverlaufs samt einiger alter Häuser über den Haufen warf, was im Rahmen eines Bebauungswettbewerbs längst ausgezeichnet, beschlossen und verkündet war. Jürgen Engel, der Architekt, der das Areal modern und mit großen Gebäuden gestalten wollte und sollte, gab den Auftrag nach etlichen Überarbeitungen und Kompromissen zurück. Heute nennt er das Areal einen »Freizeitpark«.

Am Ende verdankte sich die Entscheidung für die Rekonstruktion der Altstadt der neuen Koalition von CDU und Grünen im Rathaus. Wobei die politische Begründung einem sonderbaren Anflug von Esoterik Platz machte. Petra Roth, damals die Oberbürgermeisterin, sprach vom »Bedürfnis der Menschen nach Harmonie«, die Grünen von »Sehnsucht nach Wärme« und Peter Feldmann, ursprünglich wenig begeistert von dem Projekt, aber als die Altstadt eröffnet wurde mittlerweile zum Oberbürgermeister gewählt, sprach von einem »Identitätsanker für die Frankfurterinnen und Frankfurter« und behauptete: »Wir geben unseren Menschen ein Stück Seele zurück.«

Doch wie wird Seele verstanden? In erster Linie als eine Schönheit, die sich aus dem Formenkanon der Vergangenheit speist. Einem Harmoniegefüge, das Besucher der Frankfurter Altstadt schon vor zweihundert Jahren und mehr hervorgehoben haben, weil es Spielraum für permanente Veränderungen ließ, einschließlich Modernisierungen, nicht als Revolution verstanden, sieht man von zwei, drei Fällen ab, sondern als Evolution. Heute behaupten Architekten gerne, die Menschen verstünden ihre modernen Entwürfe nicht, weil sie die Sprache der Architektur nicht verstünden. Aber vielleicht verstehen auch die Architekten ganz einfach die Bedürfnisse der Menschen nicht mehr und deren Misstrauen in die Materialien Stahl, Beton und Glas, die überall auf der Welt zu sich ähnelnden, puristisch ausgerichteten Fassaden zusammengefügt werden. Womöglich spiegelt sich darin sogar ein gewisses Misstrauen in die Zukunft wider. Menschen suchen in der Architektur nicht allein vor Wind und Wetter Schutz.

Begriffe wie Denkmalpflege oder Geschichtsbewusstsein stehen deshalb bei einem Projekt wie der Neuen Altstadt nicht an vorderster Stelle. Eher handelt es sich um eine Form von sentimentalem Städtebau, wenn hier auf einen Grundriss von 1720 zurückgegriffen wird, man sich bei den Häuserfronten der Nachbauten an ihrem Zustand im Jahr 1944 orientiert und selbst den modernen Gebäuden innerhalb des Ensembles die alten, wie Märchen entnommenen Namen ihrer Vorgänger gibt, *Alter Burggraf* etwa, *Goldene Schachtel* oder *Vorderer Schildknecht*. Auch Kaiser Joseph, Tante Melber oder Friedrich Stoltze werden nun viel weniger als historische Personen betrachtet denn als hervorragend vermarktbare Mythen. Aus Geschichte werden Erzählungen. Oder wie Kritiker der Neuen Altstadt und ähnlicher Stadtrekonstruk-

tionen es formulieren: »Numinoses ersetzt Aufklärung.« Das historische Zitat würde zu einem leeren Signifikanten. Gerade nicht Sehnsucht nach Geschichte bilde sich darin ab, sondern ein Verlust von Geschichte. Am Ende diente ein solcher Wiederaufbau mehr als allem anderen der Imagebildung einer Stadt.

Sie sind erfolgreich, diese Rekonstruktionen. Und im Tourismus zu ernsthaften Konkurrenten tatsächlich bewahrter Altstädte geworden, ob in Dresden, Braunschweig oder Hildesheim. In Österreich und im Burgund werden sogar mittelalterliche Burgen errichtet, wobei allein auf die handwerklichen Techniken jener Zeit zurückgegriffen wird. Im Schwarzwald entsteht eine komplette Klosterstadt aus dem neunten Jahrhundert. Und China baut ganze Städte im englischen Tudor-Stil oder reproduziert die Grachten aus Amsterdam. Derlei Rekonstruktionen sind dem Besucher nicht weniger lieb als authentische Architektur. Denn es sind nicht die Brüche der Geschichte und die Überlagerungen der Epochen, nach denen er ausschaut, nicht die Risse im Gebälk, wenn man so will; im Gegenteil. Vor den Hunderten von Jahren alten, gesplitterten Säulen und Balustraden, die für die Frankfurter Nachschöpfungen Hof zum Rebstock und Esslinger verwandt wurden, fragen die Touristen, ob das Holz jetzt schon kaputt sei. Nach solch kurzer Zeit. »Nicht schon«, antworten dann die Fremdenführer, »immer noch.« Wonach die Besucher sich sehnen, ist die heile Oberfläche. Von dort aus ist es nicht weit zur Unterhaltung und zum Erlebnis. Es geht um Stimmungswerte.

Geschichte lässt sich nicht zurückholen. Nicht noch einmal erfahren. Und auch wenn viele sich in die Vergangenheit zurücksehnen, weil sie sich einbilden, dort kennten sie sich aus, berichtet doch jeder Versuch, dorthin einzutauchen, am Ende mindestens ebenso sehr von der eigenen Gegenwart wie von der Wirklichkeit des Früher. Die Sehnsucht nach dem Gestern, erst der Antike, dann dem Mittelalter, ist ja kein neues Phänomen. Ganze Epochen waren davon geprägt, und es war ja kein Zufall, dass die Romantik ihre Blüte erlebt hat zu einer Zeit neuer oder sich bildender Nationalstaaten, die Halt suchten in einer ehrwürdigen Vergangenheit. Altstädte, Burgen, Ruinen wurden mit einem Mal zu Attraktionen, beschleunigt durch einen aufkeimenden Tourismus, bestätigt durch die Erfindung und Verbreitung der Fotografie. Doch nicht nur das: Vielerorts in Europa wurden fortan in alten Quartieren angebaut, überbaut und übermalt, damit sie noch älter und mittelalterlicher aussähen. Von Basel und Luzern über Florenz und San Gimignano – bis Frankfurt. Aus dem »noch«, das sich die Besucher beim vermeintlich letztmöglichen Besuch einer scheinbar heilen Welt selbst zuflüsterten, wurde nun ein »wieder«.

Ein wenig ist es, als beginne dieses Spiel erneut. Als schwappe eine neue Welle der Romantik über die Städte. Wobei kein Nationalstaat mehr der Auslöser ist, sondern die Globalisierung gleich der ganzen Welt samt ihrer Technisierung, ohne die der Alltag nicht länger denkbar ist, auch wenn sie kaum einer versteht. Ein Begriff wie »Identität« kommt da in seiner Vieldeutigkeit äußerst gelegen, denn er trägt gleichermaßen Herkunft wie Zukunft in sich.

Es war deshalb wichtig, dass in Frankfurt nicht sämtliche Gebäude rekonstruiert wurden, sondern nur einige. Anfangs hatte man vier sogenannte Leitbauten im Sinn, »pseudohistorische Altstadtklone«, wie sie bei Gelegenheit spöttisch genannt wurden, später kamen immer mehr hinzu, zumal die Käufer der Häuser immer größeres Interesse an den historischen Fassaden entwickelten. Aber es waren nicht für alle Häuser Darstellungen vorhanden. Es gab keine Gemälde ihrer Fassaden, keine Fotos, von Bauplänen ganz zu schweigen. In manchen Fällen waren ganz einfach die Platzverhältnisse zu eng gewesen, um die Häuser aufzunehmen. Es existierten nur Fotografien in die Schluchten der Gassen hinein. Eine vollständige Rekonstruktion war deshalb ausgeschlossen. Und das war gut so. Vor allem aber war es richtig, dass sich die Architekten der Neubauten nicht in den Vordergrund spielten, sondern ebenso mit dem Material und den Farben wie mit den Größen der Häuser und den Winkeln der Dächer harmonisch in das historisch Überlieferte einfügten. Am liebsten würde man sich einreden, dass die Altstadt heute kaum anders aussähe, wäre sie nicht im Zweiten Weltkrieg zerstört worden. Dann hätten sich die Auslichtungen der viel zu engen Höfe, die Renovierungen der Fassaden und die in den Baulücken neu entstandenen Häuser ja auch nicht der Gegenwart verschlossen. Aber es wäre im Laufe von fast achtzig Jahren wohl eher ein Kunterbunt geworden, während das Ensemble jetzt trotz unterschiedlichster Ansätze der verschiedenen Architekten eine Einheit bildet und wirkt wie aus einem Guss – erwachsen aus einem neuen oder auch nur wiedererwachten Verständnis für die Wirkung althergebrachter Formen und Proportionen. Und prompt schließen sich Gruppen zusammen, die in der Neuen Altstadt eine Art Initialzündung sehen für weitere Rekonstruktionen in Frankfurt. Die moralischen Skrupel der Nachkriegszeit sind endgültig abgelegt. Nach Opernhaus, der Ostzeile auf dem Römerberg und jetzt der Neuen Altstadt steht zu oberst der Lange Franz auf deren Wunschliste, der Turm des alten Rathauses, der nach dem Krieg erheblich niedriger als der originale wieder aufgebaut wurde, gefolgt vom Schauspielhaus, das ohnedies für eine angeblich astronomische hohe Summe renoviert werden muss. Warum dann nicht gleich den historistischen Palast von 1902 wiedererrichten?

Noch wirkt zwischen Dom und Römer alles ein wenig überrenoviert in seiner nahezu aseptischen Sauberkeit, ein Vorwurf, den schon in den dreißiger Jahren Besucher angesichts der frisch gestrichenen Altstadt erhoben haben: Wo ist die Patina? Sie wird kommen. Der Sandstein wird verstauben, die Fassaden werden nachdunkeln, und in den Fugen der Pflastersteine wird sich Unkraut breitmachen. Nur zur Seite neigen werden sich die mit Beton und Stahlträgern verstärkten Fachwerkhäuser ihr Leben lang nicht.

Ihr Leben lang? Wer weiß, wie lange das dauern wird, in einer Stadt, die ohne Großbaustellen nicht sein kann. Von den schöpferischen Nachbauten heißt es, sie würden die kommenden Jahrhunderte leicht überdauern. Doch was, wenn ein Eigentümer sein Haus verändern, verbessern, aufhübschen möchte? Vielleicht nimmt dann das Flickwerk einer Altstadt einen neuen Anlauf. Mit Stilrichtungen von der Renaissance bis in eine Zeit, die für uns noch im Science-Fiction angesiedelt ist.

Es ist aber auch nicht auszuschließen, dass die Neue Altstadt eines Tages zum historischen Ort der Zukunft wird. Dass sie dann etwas von den Sehnsüchten erzählt, von denen die Menschen zu Beginn des einundzwanzigsten Jahrhunderts getrieben waren und von deren Misstrauen in das, was kommt. Vielleicht wäre es schon deshalb eine Überlegung wert, das ganze Ensemble über kurz oder lang unter Denkmalschutz zu stellen.

LITERATURVERZEICHNIS

Alexander, Matthias (Hg.): *Die Neue Altstadt in Frankfurt am Main.* Zwei Bände. Frankfurt 2018.
Asal, Sonja und Raulff, Ulrich (Hg.): *Idee – Zeitschrift für Ideengeschichte.* Heft X/1 Frühjahr 2016. Marbach 2016.
Bartetzko, Dieter u. a. (Hg.): *Wie Frankfurt photographiert wurde 1850-1914.* München 1977.
Freigang, Christian (Hg.): *Wörterbuch der Architektur.* Ditzingen 1995.
Gercow, Jon und Spona, Petra (Hg.): *Das Frankfurter Altstadtmodell der Brüder Treuner.* Frankfurt 2011.
Goethe, Johann Wolfgang von: *Dichtung und Wahrheit.* Köln 1998.
Groeber, Valentin: *Retroland – Geschichtstourismus und die Sehnsucht nach dem Authentischen.* Frankfurt 2018.
Hässlin, Johan Jakob (Hg.): *Frankfurt.* München 1964.
Kirn, Richard: *Frankfurt, so wie es war.* Düsseldorf 1967.
Klötzer, Wolfgang (Hg.): *Die Frankfurter Altstadt – Eine Erinnerung.* Frankfurt 1983.
Klötzer, Wolfgang: *Frankfurt am Main in Fotografien von Gottfried Vömel 1900-1943.* München 1992.
Klötzer, Wolfgang: *Frankfurt in Fotografien von Paul Wolff 1927-1943.* München 1991.
Kramer, Waldemar (Hg.): *Frankfurt Chronik.* Frankfurt 1964.
Lohne, Hans: *Frankfurt um 1850.* Nach Aquarellen und Beschreibungen von Carl Theodor Reiffenstein und dem Malerischen Plan von Friedrich Wilhelm Delkeskamp. Frankfurt 1967.

Lübbecke, Fried: *Alt-Frankfurt.* Vierzig Bilder nach Aufnahmen von Paul Wolff. Frankfurt 1923.
Lübbecke, Fried: *Das Antlitz der Stadt.* Die Frankfurter Stadtpläne von Faber, Merian und Delkeskamp. Frankfurt 1952.
Lübbecke, Fried: *Sei gegrüßt, deutsche Stadt.* Frankfurt 1941.
Lübbecke, Fried: *Treuner's Alt-Frankfurt.* Frankfurt 1960.
Lübbecke, Fried: *Frankfurt am Main.* Leipzig 1939.
Lückemeier, Peter (Hg.): *Wie kann nor e Mensch net von Frankfort sei – Eine Friedrich Stoltze-Lesebuch.* Frankfurt 2016.
Mayer-Wegelin, Eberhard: *Das alte Frankfurt am Main.* Photographien 1855-1890 von Carl Friedrich Mylius. München 2014.
Moos, Günter und Nordmeyer, Helmut: *Rundflug über Alt-Frankfurt am Main.* Gudensberg-Gleichen 2000.
Nordmeyer, Helmut: *Hurra, wir leben noch! Frankfurt nach 1945.* Mit Fotografien von Fred Kochmann. Gudensberg-Gleichen 2001.
Reimann, Hans: *Was nicht im Baedecker steht: Frankfurt.* München 1930.
Scheiblauer, Anne Christin: *Frankfurt am Main – Die historische Altstadt.* Petersberg 2018.
Schembs, Hans-Otto: *Frankfurt, wie es Maler sahen.* Würzburg 1989.
Schomann, Heinz: *Frankfurt am Main und Umgebung.* Von der Pfalzsiedlung zum Bankenzentrum. Köln 1996.
Sturm, Philipp und Schmal, Peter Cachola: *Die immer neue Altstadt.* Bauen zwischen Dom und Römer seit 1900. Katalog zur gleichnamigen Ausstellungen des Deutschen Architektur Museums. Frankfurt 2019.

Zimmermann, H. K: *Das Kunstwerk einer Stadt.* Frankfurt am Main als Beispiel. Frankfurt 1963.
Die Neue Altstadt – Frankfurter Rundschau Geschichte. Frankfurt 2018.

BILDNACHWEIS

Archäologisches Museum Frankfurt am Main: Seite 23
Archimedix, Ober-Ramstadt: 26
Historisches Museum Frankfurt am Main: 17 (Hermann und Robert Treuner: Modell der zerstörten Frankfurter Altstadt, ca. 1946-1947)